贝页
ENRICH YOUR LIFE

别急着辞职

8招应对16种令人讨厌的同事

〔美〕彼得·伊科诺米（Peter Economy） 著

张义 译

Wait, I'm Working with Who?!:

The Essential Guide to Dealing with Difficult Coworkers,
Annoying Managers, and Other Toxic Personalities

文匯出版社

图书在版编目（CIP）数据

别急着辞职：8招应对16种令人讨厌的同事／（美）彼得·伊科诺米（Peter Economy）著；张义译.—上海：文汇出版社，2022.10

ISBN 978-7-5496-3873-4

Ⅰ.①别… Ⅱ.①彼… ②张… Ⅲ.①社会交往-通俗读物 Ⅳ.①C912.3-49

中国版本图书馆CIP数据核字（2022）第163423号

Copyright © 2021 by Peter Economy through Andrew Nurnberg Associates International Limited

本书中文简体专有翻译出版权由上海阅薇图书有限公司所有。

上海市版权局著作权合同登记号：图字09-2022-0665号

别急着辞职：8招应对16种令人讨厌的同事

作　　者／〔美〕彼得·伊科诺米
译　　者／张　义
责任编辑／戴　铮
封面设计／拾野文化
版式设计／汤惟惟
出版发行／**文汇**出版社
　　　　　上海市威海路755号
　　　　　（邮政编码：200041）
印刷装订／上海颛辉印刷厂有限公司
版　　次／2022年10月第1版
印　　次／2022年10月第1次印刷
开　　本／889毫米×1230毫米　1/32
字　　数／107千字
印　　张／8
书　　号／ISBN 978-7-5496-3873-4
定　　价／56.00元

献给丹迪

目 录

引 言   1

PART 1   辨别职场混蛋的实战指南   5

第1章   职场混蛋巨大的负面影响   7

第2章   最常见的16种职场混蛋   23

PART 2   应对职场混蛋的八大策略   89

第3章   后退一大步   91

第4章   不要参与他们的游戏   113

第5章   掌握化解冲突的技巧   130

第6章	正视问题，解决问题	149
第7章	不要为小事烦恼	165
第8章	从反面教材中学习	185
第9章	自己别做混蛋	200
第10章	招人要慢，裁人要快	220
附　注		241
致　谢		243
关于作者		245

引　言

谁在工作中没遇到过混蛋？这人要么是个"毒队友"，最爱把团队成员搞得一事无成、无精打采；要么是个"恶老板"，逼得员工总想跟他来一句"这份工作你留着自己干吧！"；要么是个坏同事，就愿意看见办公室里乌烟瘴气、谣言四起。虽说我们都讨厌这种人，可在工作中却免不了要跟他们打交道。

这些混蛋不光让身边的人头疼，还会接二连三地给公司添麻烦。研究表明：有3/4的员工认为他们在工作中最怕见的人是老板；2/3的员工认为换老板比加薪更让他们开心。[1]

盖洛普（Gallup）调查报告指出，在美国的7 300万千禧一代中，21%的人在过去一年内换过工作，60%的人想换工作。[2]

为什么呢？这是因为他们受够了身边的一群混蛋上司和混蛋同事。

可要是你没法把这些卑鄙、有毒、懒散的家伙赶出自己的生活（你可能很需要那份工作，毕竟每两周会发一次工资，还有医疗保险和其他福利），那你怎样才能消除他们对你和其他同事的负面影响呢？幸亏有好多办法解决这个问题。

不管你在工作中碰到的混蛋是谁，是恶老板、惹是生非的同事、懒散拖拉的队友，还是其他形形色色的"毒瘤"，这本书都是一部职场必备指南，会帮助你发现并搞定他们。本书包含两个部分：

第一部分分析了这些混蛋给职场带来的负面影响——工作效率低下、员工纷纷离职、团队士气低落，还列出了职场中的16种混蛋。我想，你很快就能辨别出这16种不同类型的混蛋。

第二部分重点介绍了对付职场混蛋的8种方法。不管你是员工,还是管理者,这里的信息和方法都简单可行、极为有用。一旦掌握了这些,你就可轻松应对在职场和其他地方遇到的混蛋(相信我,这种人哪里都有)。

本书既有经实践验证的技巧,也有职场专家的最新研究和建议。在书中,你会读到一些详细且明确的建议,教你如何应对自己职业生涯中遇到的各种负面人士,如何消解他们对你的不利影响。本书的一大亮点是,书中提出的建议也同样适用于职场之外的生活。这真是一举两得的好事。

要提醒大家的是,我在全书中列举了一系列案例,用以说明我们大家与职场中的"毒瘤"共事时的各种情形。虽说这些都是我的经验之谈,但案例纯属虚构。

希望大家能在生活中掌握应对这些人的方法——不管你在何处遇到他们。某些时候如果你不幸成为职场混蛋,你也能自我觉察,知道如何使自己的言行变得不那么令人反感。敏锐的觉察力很重要,一旦你看清了生活中那些真正的"毒瘤",就可以化解他们对你和身边人的不利影响。

好吧,现在该进入正题了。

PART 1

辨别职场混蛋的实战指南

感谢给我的生活带来各种麻烦的人。
他们让我看到了自己最不想成为的人。

——匿名

不论你是员工、主管、经理或是高管,要想对付职场混蛋,首先就要了解问题的真实情况,以及它对你个人产生的负面影响,然后你就能辨别出公司里那些最常见的混蛋了。在本部分,我们将探讨工作中"毒瘤"的负面影响,介绍一些最常见的职场混蛋。主要包含以下几个方面:

- 揭示职场混蛋巨大的负面影响
- 走近"恶老板"
- 展现16种最常见的职场混蛋:他们的特点、行为,还有辨别他们的方法
- 评估同事,还有你本人的毒型人格

第1章
职场混蛋巨大的负面影响

与人打交道时,请记住,你不是在和逻辑动物打交道,而是和情感动物打交道。

——戴尔·卡耐基（Dale Carnegie）

我敢说,我们大家都有过下面这种工作经历。

这是我第一天上班。我激动无比,天真好奇,对未来的机会充满希望,相信自己的同事都是非常优秀的人。我身穿蓝色夹克、扣角领衬衫、卡其裤,兴高采烈地走进办公室,向遇到的每一个人介绍自己。老板把我领到我的新办公室。我坐下后，看了一遍新员工手册（说实话，更像是一本书，而不是手册）。这时，我听到门口有人说了一声："嗨！"

我转过身，有位女士笑着向我介绍起了自己。她工作的地方在办公区另一边的那几间里。咱们就叫她艾瑞卡吧。她看起来人不错，也很热情，一个新员工看重的也就是这两点了。我心想，没准她就是我的职场"饭友"呢。艾瑞卡提议去她的办公室坐坐。我们沿着过道，没走几步就到了。

我刚一坐在客座上，就不由得瞥了一眼她的电脑屏幕。屏幕上像是有个什么网站，看上去跟工作没一点关系。我当时没多想，可等我后来再去她办公室时，我又看见了那个网站。每次我扫一眼她手头做的事，发现好像都跟工作无关。员工会议上，老板会询问艾瑞卡某项工作的进展情况，这时她会装出一副辛勤工作的样子来应付。她甚至厚着脸皮编出这样的一个借口："这项工作太艰巨了，只靠一个人是不行的！"

看到这一切，我既感到费解，也颇为失望。身为她的同事，我发现她每天都在敷衍工作。她跟家人和朋友煲电话粥，在网上这儿看看、那儿逛逛，就是不想干哪怕跟工作有一丝关系的事。最让人受不了的是，她成天抱怨工作太累，总说她最盼的是周末，一心想离开这个"地狱般的地方"。地狱？认真的吗？我们大部分人是都盼着过周末，可她没必要每天对我讲好几次。况且，我觉得我们的公司其实挺好的，根本不是"地狱般的地方"。

不管什么事，艾瑞卡总是抱怨个不停。她会抱怨咖啡机不好用了，抱怨老板又给她安排工作了，抱怨办公室里的每个人，老是说在这家公司工作真是太糟心了。碰到她发牢骚的时候，我真不知道该怎么办。我刚来这家公司上班，也不知道她说的是真是假。这不光让我觉得很烦，没法安心做好工作，更糟糕的是，我以前对工作和公司的那份热情也荡然无存了。

我越来越不想上班，工作劲头大不如前，对同事也没那么热情了。我能感到自己身上那股干劲在不断流失。

我很想摆脱这种急剧下降之势，可身边有艾瑞卡这种人，我几乎不可能实现逆转。我们在同一个团队，参与同一项工作，总免不了要见面说话。当时，我真不知道该怎么办。我开始明白一些微妙的事情，比如人们好像总想方设法绕开她的办公室，难道是因为她是个令人讨厌的同事？

直到意识到这一点，我才开始注意到其他事情。她从来都不是团队的一员，因为没有同事愿意跟她合作。他们从来不会邀请她一起吃午饭或是出去玩，不愿跟她多待上一会儿。

就在这时，我决心做出改变。由于我是团队的新成员，遇到这种事对我来说有些吓人，因此我私下找到经理，把我因艾瑞卡而起的烦心事讲给她听。她告诉我，以前也有人跟她说过艾瑞卡的事，说艾瑞卡搞得他们很不安。她向我表示歉意，说不该把我这个职场新人安排在艾瑞卡的旁边。她建议我换个办公室，搬到大楼另一个地方去办公。我很高兴地同意了这次调整。

搬了办公室后，一切都变了。我身边的同事都是些乐观、认真、高效的人，而我受到他们的感染，也成了这样的人。他们对工作充满热情、态度积极，让我对工作也积极主动起来。我终于又感受到了自己内心有股干劲,那正是我刚进入这家公司时的那股干劲。

  此外,我开始跟其他同事有更多的交流,与艾瑞卡的交流则变少了。试想一下,当你一周有五天时间跟这种人在同一个办公区,甚至在同一个团队时,你要想躲开她确实很难,更何况她经常会过来找你。起先,我觉得这种事很难办,但为了公司的成功,也为了我个人的幸福,我必须离她远一点。我一开始没意识到一点:艾瑞卡是一个有毒的同事。她那种悲观厌世的心态和消极怠工的习惯,让我身上的那股劲头一点点流逝。

  我真希望能回到过去,告诉自己如何更好地应对当时的情况。一个同事让我讨厌起自己的工作,这真是没必要。我决不会让这一切重演。值得庆幸的是,我现在知道该如何正面解决这种问题了。我的目标是,让你也知道该如何对付艾瑞卡这种人,当然还有其他让人不快的同事。基于当前已有的研究,本章将分析恶老板、有毒同事、懒散队友和其他职场混蛋是如何对职场和身边同事产生消极影响的,以及你可以采取什么办法对付他们。

职场混蛋

就像没有两片完全相同的雪花一样，职场上也会有不同类型的混蛋。我们都有"机会"在职业生涯的某个时期与这些人共事。他们中就有很多像艾瑞卡一样，极具"毒性"，会给其他同事带来负面影响。还有些人的身上只略微有些坏同事的特征，但他们仍然会毒害职场和身边的同事。他们在一些小事上的表现，比如每天都提前下班或是病假一连休好多天，会影响其他人对于同事、老板和公司的看法。

遗憾的是，不管我们是否愿意承认，我们中的很多人有时就是糟糕的员工、同事或老板。我们可能在一周内上班迟到了好多次，或者把本该忙着写报告、开展市场调研的时间大把浪费在脸书上，又或是一天中的大部分时间都躲在旁边的小隔间里，跟同事聊一些与工作毫不相干的事。

其实，我们每个人身上都多多少少有着"坏同事"的特征。如果你把"坏"的程度看作一个光谱，那么我们可能会出现在光谱上的任何一个位置——从沾不上边（几乎不可能）到完全符合（同样几乎不可能）。在这个坏同事的光谱上，有的人可能是1，或是4，也可能是9。然而，这并不是说他们糟糕透顶、无药可救。令人欣慰的是，每个人都可能变好。要做到这一点，那就得有人激励他们做出改变，让他们认识到自己的缺点，然后掌握克服缺点的方法。关键是要有自知之明，要知道自己对周围的人会产生怎样的影响。

软件与科技公司Better Buys的一项研究表明，员工在工作中会表现出各种不良行为。下面是该公司发现的各个行业内的十大不良行为：

1）总是迟到：56%

2）在背后说人闲话：53.7%

3）没生病却休病假：53.2%

4）朝别人吼：51%

5）与人来往过密：49.2%

6）擅自延长午餐时间：42.8%

7）擅自提前下班：41.4%

8）对老板撒谎：41.1%

9）不讲卫生：37.4%

10）工作时间干私事：35.3%[3]

想想看，在办公室里朝别人吼、总是迟到，或是对老板撒谎，这些都会造成一种不友好的、有毒的工作环境。在看到上面这些不良行为时，你的脑海里是否会出现某些同事的样子？你甚至会发现，自己在工作中也曾有过此类不良行为。

要是你果真有上述某种或某些不良行为，那也不必烦恼。在后面的章节中，我们会分析你怎样才能改掉身上的这些习惯，以及你怎样跟有这些习惯的同事打交道。

恶老板

要是我们打算讨论坏同事，那么我们就还得分析一下很多企业中的另一个问题：恶老板。

身为员工，你有可能在职业生涯的某个时期碰到这种老板。盖洛普的研究表明，恶老板其实是造成员工离职的头号原因。这份报告指出，"有个坏管理者就像挨了一记组合拳：员工在工作时很郁闷，这种心情会带到家里，使他们的压力成倍增加，甚至危及他们的幸福。"[4]此外，其他研究发现，75%的员工声称，在工作中，他们最怕跟老板打交道。在辞去了恶老板这里的工作后，人们差不多要花两年时间，才能使自己的压力恢复到正常水平。[5]

如果你是老板，你可一定要注意自己表现出的品行，认识到哪些可能会伤害员工。可别觉得你是老板，就不必在意自己多年来可能已经养成的"恶老板"习惯。这就像是坏同事光谱，你可能会表现出不同程度的有害品行。

如果你是老板，你是个好老板吗？你怎么知道的？

2018年，领英学习（LinkedIn Learning）发布了一项调查结果。这次调查涉及大约3 000位专业人士，提出了这样一个问题：你认为管理者身上的哪一个特点最难以忍受？

下面是此次调查中发现的恶老板的四大特点：

1）期望不明或不断变化：20%

2）大小事都要管：12%

3）对员工漠不关心：11%

4）不培养员工的业务能力：11%

在谈到上面排在第一位的恶老板的特点时，领导力培训专家伊丽莎白·麦克劳德（Elizabeth McLeod）说：

"缺乏明确的期望是员工表现不佳的根本原因。领导们往往觉得，他们的期望很明确，可数据反映出的情况却不是这样。员工要知道，这件事为什么很重要（行事意图），好的结果应该是什么样（期望效果）。要是有领导说，'不用我告诉他们，这都是明摆着的。'那我们就敢说，团队并不清楚领导的要求。"[6]

好在这些特点是可以改变的。一旦你承认并认识到你可能有某些不良习惯，那么你就能做出积极的改变。这种改变可能容易，也可能困难。不论多难，要是你想让公司和团队取得成功，你就要想办法改变自己。坏习惯未必能一夜之间就改掉，因此你要对自己有耐心，相信自己一定能行。恶老板往往不承认自己的缺点，结果会造成离职率居高不下、员工满腹牢骚、工作漏洞百出。好老板都愿意做出改变。

要是在办公室碰到了恶老板或是坏同事，不管你在工作中跟他们的交往是深是浅，他们都会给你的生活和工作造成负面影响。一旦你开始明白办公室里发生的各种事情，也知道自己该怎么做，那么你就会发现这一切给你，还有其他同事造成的不利影响。就你个人来说，关键是要经常反思一下，问一问自己这几个问题：

- 小隔间旁边那个同事上班迟到了，这对我自己有什么影响？
- 每次跟这个人说话，我为什么总是觉得紧张？
- 跟我的领导说完话后，我为什么觉得动力全无、灰心丧气呢？
- 我办公室里的同事工作时干劲十足吗？

要想在工作中有所建树，你一定要花时间想一想，在跟有些人交往或共事后，你为什么会有那种感觉。我们很多人，尤其是在职场中，往往喜欢把个人感情藏在心里。这会影响我们的工作效率和积极性，甚至个人的幸福。

有人就坦言自己身边有一些"毒瘤"。企业家伊舒·辛格（Ishu Singh）就是个很好的例子，他知道要想继续推行自己的经营理念，怎样才不会受到"毒瘤"的影响。

保修单是生产商制定的一系列条款和合约，用来代表产品的高品质，也是为了使顾客更信任产品。但是，身为顾客，要是你两年前买的东西坏了，你能找到说明书吗？或者说，在你着急维修或是更换的情况下，你会翻箱倒柜地找保修单吗？

伊舒·辛格对此深有同感。有一天，他想找人把2017年买的一台家电修一下，可就是找不到保修单，也想不起这台家电的保修条款。他很是沮丧和急躁，无法理解为什么保修单和说明书这么难保管。

辛格出身企业家之家。这段经历促使他开发了一款名为"Innstal"的app。通过它，人们就无须使用传统的纸质版保修单和说明书了，取而代之的是便捷的数字版。只需点击一下鼠标，你就能看到近150万份说明书，它们可供各种产品的用户使用。说明书采用文本和视频两种格式，人们可下载下来，也可在app上直接查看。

用户还可在Innstal中添加不同产品的保修单。保修单经Innstal确认后，申请保修服务的电子邮件会被发给生产商，通知其处理。将来，Innstal还会与生产商直接链接，从而缩短保修服务的申请时间。

2019年，Innstal在安卓市场首次上架，开发这款app的想法最终得以实现。

但是，这个创意以及所有的成功不是一夜之间发生的。比如，在Innstal的开发初期，辛格为这个项目四处融资。虽然他的家族在印度有一家很成功的企业，但他从来没跟家人伸手要过钱。相反，他决心自己想办法筹钱。于是他又找了两份工作干，最终攒够了所需的资金。

但更让人担心的且可能更具破坏性的是，辛格遇到了一些人，这些人总想给他灌输怀疑的思想。他们态度明确——他们不想看到Innstal成功。这些"毒瘤"满嘴都是泄气的话，对我们这位企业家的影响很大，让他不由得去想，他们说的是不是对的，他自己是不是错了。

结果证明，辛格是对的。

尽管辛格怀疑过自己，也遇到过资金问题，可他对 Innstal 深信不疑，也从未放弃。最后，他对这款 app 的美好愿景，不仅成为指引他不断前行的北极星，也成为激励他取得成功的动力。

像伊舒·辛格一样，当面对工作中看似无法逾越的一个个障碍时，你也有能力跨过去。等你回头看它们，你可能就不会觉得这些是障碍了，而只是把它们看成每个人都要面对的烦人同事。在你阅读下一章内容之前，建议你先花几分钟，回答下面几个问题，看看你的办公室里到底有没有职场混蛋。

1）有同事让你感到沮丧或难堪吗？
2）你与团队成员合作时是否缺乏积极性？
3）你在设法回避某些同事吗？
4）老板是否想让你或你的同事在会上难堪？
5）你是否觉得自己工作不够投入？

6）某个同事或你的老板总想抢风头吗？

7）你是否总在看墙上的钟表，想着能早点回家？

8）说闲话在你的公司里是一种消遣方式吗？

9）你是否有一个或好几个同事总想威胁你或其他人？

10）办公室里是否至少有一个人不招人喜欢？

11）你是否想换个公司，正在四处找工作？

12）你在公司外面常抱怨身边的同事吗？

13）你是否想让老板给你换个办公室，就是想离某个同事远点？

14）你的老板或同事不理睬你吗？

15）有同事嫉妒你吗？

16）老板是个控制狂吗？

17）有同事就喜欢给别人使坏吗？

18）老板是否认为公司全靠他们？

19）有同事总想打击你的自信心吗？

20）你是否曾因为某个同事而旷工一天？

21）你是否曾觉得有必要跟同事撒谎？

22）有些同事总会迟到或早退吗？

23）你是否曾设法回避办公室里的某些人（或某个人）？

24）你是否曾因为某个同事而想过辞职？

25）你是否曾因为老板而想过辞职？

如果你对上述某个问题的回答是肯定的，那么你猜会怎么样？这说明你的生活中有个混蛋。要是你对多个问题的回答都是肯定的，那说明你的工作环境有毒。

因此，你可以做出这样的选择：你可以换个公司，找份新工作，离开这个有毒的环境。或者……你可以想办法让当前的工作环境少一些毒性、多一些宽容。本书就是要教你一些窍门，把有毒的环境变成超赞的环境。

现在，你已深知职场混蛋的种种危害，也对办公室里的毒性程度有了些许认识。接下来，我们就具体谈一下你最有可能在公司里遇到的16种毒型人格吧。

第 2 章
最常见的 16 种职场混蛋

> 从我认识的亿万富翁来看,钱只会让他们显露出本性。如果他们没钱的时候就是混蛋,那他们有了十亿美元之后依然是混蛋。
>
> ——沃伦·巴菲特(Warren Buffett)

我们说点有用的吧。在你职业生涯的某个时期,你很有可能至少与一个混蛋同事共事过,说不定遇到过更多。这个人没准就是那个做油炸食品的厨师——多年前的夏天,他在麦当劳值夜班;也可能是从事人力资源或会计方面工作的人；甚至有可能是你的老板（别忘了，盖洛普的研究表明，恶老板是造成员工离职的头号原因）。

这些"毒瘤"会毒害团队士气、你个人的理智、工作效率、客户满意度以及整体幸福感。一段时间后，你可能会发现，职场中存在不止一种坏同事——事实上，他们会有各种不同的表现形式。在本章中，我们将深入分析职场上最常见的 16 种混蛋。

当你读到那些描述性的文字，了解到各种不同人格的混蛋时，你不妨想一想，在你的人生中，你跟哪种混蛋打过交道，或者说，你正在跟哪种混蛋打交道。你可以问自己几个问题：

- 这个人让我有怎样的感觉？
- 我是怎样与他们打交道的？
- 我想过办法去改变这种现状吗？

在仔细阅读上述问题，思考办公室里的哪些人是混蛋时，你不妨抽出一些时间，也看一看自己的行为。你自己是职场混蛋吗？我们大家的身上都有一点混蛋的影子（不管我们是否愿意承认这一点），因此想想看，你自己带有这些特点中的哪些。

可要诚实啊！

在大家深入了解不同类型的人格之前，我想再强调最后一点：关键是将此视为光谱——从沾不上边（几乎不可能）到完全符合（同样几乎不可能）。人们的身上可能会有轻微的混蛋人格特征，也可能有明显的混蛋人格特征，或者有多重混蛋人格特征。混蛋的程度视情况而定，完全取决于个人。

尽管在职场中会有形形色色的混蛋，类型之多几乎数不胜数，但在本章中，我们将重点介绍 16 种最常见的混蛋。这个"备受重视"的群体包括怨天尤人的人、把会议搞砸的人、成天装可怜的戏精、只会挑别人毛病的自恋者等。你的身边有一种或几种这样的人吗？你自己是这样的人吗？不管怎样，好在你有办法来解决这个问题。

我们现在开始吧。

1. 悲观型

他们是谁？ 悲观型的人有一种神奇的能力，无论何事或何人，他们总能看出缺点。他们天生对任何结果或情况都持有一种悲观、怀疑的态度。这类人好像从未流露过片刻的乐观情绪。打个比方，不管他们走到哪儿，他们的头顶总会有一团雨云，而其他同事总会躲着他们，生怕被淋湿了。

即使你的团队在上个季度取得了前所未有的好成绩，可这个人却有办法让大家激动兴奋的心情凉半截。他们是一种"半杯空"的人，他们不理解——可能永远也无法理解——其他同事那种"半杯满"的心态。他们不仅对自己和团队正在做的工作表现出悲观情绪，还会对某些个人冷嘲热讽。这一点的影响尤其恶劣。

案例 我们最不愿意干的一件事就是跟戴夫一起参与季度考核。即使我们某个季度的销量创了新高，他也会找出我们这个团队，或是我们每个人的不足之处。戴夫是我们的经理，因而我当然明白，他要给我们的工作挑些毛病，但也不至于非要让我们都觉得自己就是失败者不可，尤其是在考核结果恰恰相反时。

今天是我们参加第三季度考核的日子。我们得知，我们团队第三季度共卖出了245台电脑打印机，超过了公司任何一个团队此前的季度销量。太好了！就像大部分团队听到好消息后会做的那样，我们团队里的销售人员高兴地庆祝了起来。

可就在我们庆祝的时候，我们的销售经理戴夫突然走进会议室，开始进行复盘。这一下打断了我们的庆祝活动。他连句祝贺的话也没说，直接开口就讲："我们的销量跟其他公司里的打印机销售团队比起来，还差得远呢。"接着，他提到了第三季度几个失败的销售案例——公开指责每个相关的销售人员，并且就我们的销量受到了怎样的负面影响大说一通。他竟然还告诉我们，我们就不该搞什么庆祝，毕竟这样做毫无意义。

戴夫接着跟我们讲了下个季度的策略，还说我们现在人手不足，要想实现销售目标几乎不可能。说句实话，听他说这些让人很不舒服。这让我怀疑起自己。我是不是能力不够？我们这个季度的销量很高吗？是不是运气太好了？我不停地提醒自己，戴夫这个人凡事总往坏处想，别把他的话太当真。

跟戴夫这种人共事并不容易，因为他从不会说鼓励人的话。不管他跟谁说话，他那冷嘲热讽背后的悲观情绪总会感染到对方，并最终大大地挫伤团队的士气。当大部分团队在庆祝成功时，他却让我们感到，我们就是失败者。

他们的影响 悲观型的人的这些话语和行为充满负能量，让其他同事表现出焦虑不安、工作低效、无动于衷和情绪消沉。他们夺走了其他同事身上的正能量，使工作环境变得很消极，影响到整个团队的士气。这种悲观的心态就像病毒一样，会传播到办公室的每个角落。当其他人身上的正能量耗尽后，也会感染上这种悲观心态。

当他们觉得有些话非说不可时，他们总能大胆地说出自己的想法。结果，别人往往会觉得他们自信满满、无所不知。这种悲观中的自信会改变其他同事的思维模式，让大家不由得相信他们说的话。这对团队的心理健康，乃至职场中的幸福感是极其危险的。

特点
- "半杯空"的思维模式
- 凡事总看消极的一面
- 对他人始终是一种冷嘲热讽的态度
- 眼里没有一件事完美或足够好
- 悲观中的自信（对自己负面看法的自信）
- 往往缺乏幸福感
- 有时感到自己是失败者
- 只会说一些消极的话

调查

1）你或你的某个同事总是对工作中的事情冷嘲热讽吗？

2）你或你的某个同事是否在跟其他同事讲，你的工作为何毫无价值或没有前途？

3）你或你的某个同事总觉得什么都不够好吗？

4）你或你的某个同事从未庆祝过成功吗？

5）你或你的某个同事是否很难看到"半杯满"的水？

对于上述问题中的两个或多个问题，如果你的回答是肯定的，那么你或你的某个同事就属于悲观型。

2. 嫉妒型

他们是谁？ 嫉妒是万恶之首。我们大部分人在一生中都曾嫉妒过他人，不过有些人的嫉妒心更重一些罢了。在职场中，这种嫉妒心可能极具危害性。这类人，也就是嫉妒型同事，会满腔怨恨，总想得到你拥有的东西。不管是职位升迁，还是经理分派的"美差"，或是一个位于角落处的办公室，抑或是你通过自己的辛勤努力得到的一切，他们都想得到。

遗憾的是，这种嫉妒心会越来越强烈，演化成紧张的关系和心底的恶意，而这背后往往是因为他们对工作和生活缺乏安全感。他们总会觉得不公平，认为是无法控制的原因导致了他们没能得到自己想要的东西，错误全在别人。他们指责老板没能发现他们在做一件"了不起"的工作；他们指责同事成天拍老板马屁；他们指责世界让他们给一帮差劲的人干这份差劲的工作。

为了让自己好受些，他们总想抹黑自己所嫉妒的人，让人觉得一切成绩本来都该是他们的。他们也会换一种策略：将别人的成绩贬得一文不值。有时，他们会以看似自我审视的方式，实则夸耀自己才是他人得以成功的原因。在公司里，这种人会给整个团队带来严重的不和及不安。

案例 老板把我叫到办公室，告诉我个好消息：我刚刚获得了升职！我在公司工作了两年，总算实现了自己升职的目标。我走出老板的办公室，门外站着一群同事，他们正等着给我庆祝呢——他们无意间听到了老板宣布的好消息。我好长时间都没这么开心了。让我感到很高兴的还有一点：有那么多同事支持我。

庆祝结束后，我走向自己的办公桌，这时才发现，同事玛丽莎并没有参加庆祝活动。她一直坐在自己的办公桌前，可等我从她身旁经过时，她连忙低下头。凭我以往跟她相处的经验，我知道她这个人善妒。她曾时常向我和其他人透露她早该得到提拔了，或是她早该因某个项目得到褒奖了。在某些时候，我相信了她说的话，尤其是在我刚入职的头几个月里。我把她当成朋友，我当时也希望她能把我当成朋友。

那天晚些时候，我向餐厅走去。就在我正要转过弯，走进餐厅时，我听见玛丽莎在跟两个同事说着什么。她说我没资格得到提拔——我不够聪明、不够优秀，提拔我显然是大错特错了。她还说我拍老板马屁，老板跟她长期不和，这次升职的人本该是她。

我顿时垂头丧气，突然觉得自己能力不够。我是不是真的不够聪明，不够优秀？这次升职是不是真的完全搞错了？我还在想，她跟多少人说过这些话。她的话让我有些难过。当我开始担任新职位时，我发现她的妒忌心确实影响了我。我的自信心大不如前。在这个新岗位上，我很难有一种安全感。在我内心深处，我知道这些都不是真的，不过是她的妒忌心在作祟罢了。可我就是不由得有这种感觉。

他们的影响　嫉妒型的人往往会让团队成员感到自己不该有这样的成绩，不配有这样的成绩，也不确定是否真的有这样的成绩。这样会使办公室里死气沉沉、怨声四起、同事间关系紧张。很多同事感到跟这种人相处不易，生怕他们的成绩会招来这种人的怨恨，还会使其他人也跟着一起恨他们。这种惧怕的心理改变了团队成员的相处方式，也改变了成员对待个人成绩的态度。

特点

- 通常感到（还会说）他们比自己嫉妒的人更优秀
- 认为有资格得到他们嫉妒的一切东西
- 很看重地位和影响力
- 心底缺乏自信
- 往往很肤浅
- 表现出竞争的冲动
- 表现出自我审视式的夸耀

- 可能对他们嫉妒的人发火或怀有敌意

调查

1）你或你的某个同事会嫉妒其他同事的成功吗？

2）你或你的某个同事不愿对其他同事的成功真心表达祝贺吗？

3）你或你的某个同事觉得地位和影响力非常重要吗？

4）你或你的某个同事往往会争强好胜吗？

5）你或你的某个同事对刚刚获得成功的人会充满敌意吗？

对于上述问题中的两个或多个问题，如果你的回答是肯定的，那么你或你的某个同事就属于嫉妒型。

3. 威胁型

他们是谁？ 威胁型的人就像小学里靠恐吓手段搞到别

人午餐费的恶霸。他们以恐吓、威胁或挑衅的手段，得到他们想要的东西。他们威胁并嘲弄同事，迫使同事替他们做事，从而达到操控对方的目的。威胁型的人深知操控他人的诀窍，往往不露痕迹，让其他同事对他们的权威心怀畏惧。他们可能身居高位，毕竟他们靠着横行霸道，能一路升迁。这种人往往遇事不乱、能说会道。他们说的话如同一把把利刃，句句尖刻。

威胁型的人会通过公开嘲弄和威胁，维持自己对他人的控制。在威胁他人时，这种人最常运用的伎俩包括毁掉他人的事业，以及在公共场合败坏他人声誉。这些巨大的威胁会让大多数人极为恐惧。正因如此，很多人都会屈从于这些人的恶性，对他们言听计从。

案例 丹就是大家都想躲得远远的人。既然他加入了我们团队，我们自然要跟他一起共事。除此之外，他无疑是我最不想在乘坐办公楼电梯时遇到的人。

几个月前，我的前同事史蒂文就受到过丹的威胁。公司安排史蒂文跟丹一起完成一个项目。每一天，史蒂文都要向我抱怨跟丹合作是一件多么可怕的事。丹的做派让人觉得，史蒂文要听他的，这个工作配不上他（尽管他和史蒂文的职位一样）。

有一天，史蒂文决定向丹表明态度，告诉丹，他讨厌所有的工作都堆在他身上，希望丹能主动帮忙。丹当时的反应很吓人。他一副冷淡粗暴的样子，威胁史蒂文说，史蒂文几个月前在背后说过老板的坏话，他要把这些话讲给老板听。他说，他会断送史蒂文的事业，让他别想在这个行业再混下去。丹威胁把史蒂文"列入黑名单"的这段话的确很吓人，让史蒂文忧心忡忡。史蒂文喜欢自己的工作，而丹讲话的样子似乎表明他在这个行业内很有关系。史蒂文不想被列入黑名单，因此他连忙道歉，继续担负起项目的全部重任。

项目完成后，史蒂文决定辞职，在别的公司找一份类似的工作。史蒂文私下跟我说了这个决定，告诉我，他之所以辞职，就是不想惹怒丹这种人。他担心自己在这个行业的事业彻底被丹毁掉，因而他最好一边应付丹，一边找一份新工作。

他们的影响 不管在什么企业，恐吓、威胁和挑衅都是极其危险的力量，容易造成团队成员间的紧张、不安和不快。要是办公室里有一个（或多个）人总是靠威胁来得到自己想要的东西，那样就会使团队内出现矛盾。那些成天被这类人威胁的同事不太可能跟老板或是人力资源部门透露自己的心声，这是因为他们心里有一种根深蒂固的恐惧感。威胁型的人在同事心里投下的恐惧和阴影会直接影响到后者的工作效率，还有他们在办公室的幸福感。如果老板不出手对付威胁型员工，那么其他员工就会开始寻找新的工作机会。

特点

- 待人冷淡
- 讨好职位更高的人
- 为了获得个人利益，威胁和（或）恐吓他人
- 善于操控他人
- 有自恋倾向
- 可能极其粗暴

- 一般能说会道
- 通常没有朋友或朋友很少
- 摆出一副自信的样子,以精英自居

调查

1)你或你的某个同事会威胁和(或)恐吓他人,以达到自己的目的吗?

2)你或你的某个同事经常会利用地位和权威,以增强他人的恐惧感吗?

3)你或你的某个同事在办公室里没有真正的朋友吗?

4)你或你的某个同事在与其他同事相处时会有一种优越感吗?

5)你或你的某个同事会利用他人的恐惧心理,以谋取私利吗?

对于上述问题中的两个或多个问题,如果你的回答是肯定的,那么你或你的某个同事就属于威胁型。

4. 抢功型

他们是谁？ 这种人喜欢聚光灯，他们会想方设法争得赞誉，但他们可能根本没付出任何努力。他们会争抢同事或团队的功劳，就是为了能得到别人的赞扬。在与团队中其他成员共事时，他们会把某项工作的功劳揽到自己身上，即使不是全部，也会是大部分功劳。这种人工作时往往偷懒耍滑，可老是装出一副辛勤工作的样子。

由于实干的同事既不敢上前阻拦，也不敢说出实情，抢功型的人最终往往会得逞，赢得鲜花和掌声。不管办公室里的人是多么齐心协力，可这种人总是抢走他人的功劳。就像嫉妒型的人一样，这种人之所以这样做，是因为他们对自己的工作没有安全感。

案例 最近，我发现经理总有一种令人不安的做法：她把我完成的工作说成是她做的。她第一次这样做的时候，我心里想，也就这么一次。可事实上，她一直这么干。事情是这样的：

我们手头有个很大的项目,要在月底前完成。公司在月初下达了这个安排,经理和我要一起先拿出行动方案,然后再根据方案分工完成项目。我最后完成了自己那部分工作,接着就去问她干完没有。她找了个借口,说她一直"忙着做"其他工作,抽不出时间去完成她的那部分工作。她常会这样说:"要是你能把剩下的那点活干了,那可就太好了。"

于是,我告诉她,我会继续完成这个项目,这样的话,我们就能按时把项目交给高层了。最后我完成了项目。在我们要一起去见公司高层之前,我先交给她看了一遍。接着就到了我们重要的成果展示日了。因为她是经理,由她负责演示我们的成果。结果呢,我根本说不上话。在整个演示过程中,她会说这样的话,例如"我跟踪了这些数据"或者"我完成了这部分工作",这些话彻底激怒了我。我没日没夜地干了这么多活,可她把功劳全揽到自己身上,而对我的贡献却只字未提。

演示结束后,在场的高层对"她的"出色工作表示了赞许。有时,她甚至厚着脸皮说,完成这项任务是多么困难、多么耗时，但她接着说，她很高兴能为了公司的发展和客户的利益，顺利地完成了这项任务。我真想打断她的话，告诉大家，整个演示内容、整个调研以及所有工作都是我做的，根本不是她。可我没那么做。但我怒火中烧，满是挫败感和被人轻视的感觉，毕竟自己做的工作未得到认可。她为了在公司高层面前露脸，根本没提我的辛勤付出。

他们的影响 这种人会激起与他们一起工作的同事心底强烈的愤怒和仇恨。没人愿意跟抢功型的人一起工作，毕竟自己的付出会被这种人彻底据为己有。要是自己的功劳被记到了别人的账上，那可真是既劳力又劳心啊！如果同事们的工作都无法得到认可，那么他们会不开心、生气、恼火、失去工作热情。这样会使办公室更易成为是非之地，也会造成团队内部的不和。

特点
- 通常工作懒散

- 很自信
- 善于撒谎
- 平常是个好同事，可有一天会露出真面目
- 喜欢露脸
- 靠着本该属于别人的鲜花和掌声步步升迁

调查

1）你或你的某个同事会把别人做的工作谎称是自己完成的吗？

2）你或你的某个同事会在工作时很懒散，靠同事完成额外的工作吗？

3）你或你的某个同事会总想着让聚光灯集中在自己身上，而不是他人身上吗？

4）你或你的某个同事会为了个人前程而撒谎吗？

5）你或你的某个同事有没有靠鲜花和掌声步步升迁，可这些本来都应当是别人的？

对于上述问题中的两个或多个问题，如果你的回答是

肯定的，那么你或你的某个同事就属于抢功型。

5. 八卦型

他们是谁？ 这种人喜欢搬弄是非，无论某件事是真是假，他们总愿意散布流言。一旦他们发现某个人的事值得嚼舌根，他们会毫不留情地传起闲话。无论何人或何事，流言的八卦价值是他们最看重的。有时，这些人会散布流言去伤害某个同事，可有时，他们又对流言的影响心里没数。不管怎么说，流言终究是有危害的，会给人们带来很多痛苦，造成团队成员间的敌意。流言还会带来一些本可避免的是非，并经八卦型同事之口愈演愈烈，轻则造成团队的不和，重则有可能会断送受害者的事业，毁掉他们的名声。

案例 不管公司里的什么人、什么事，玛利亚总能发布一些"独家新闻"。说句实话，我也喜欢她讲的小道消息。想想看，我成天要坐在办公桌前，没完没了地处理一堆堆文件资料，听别人说些闲话不失为一种很好的放松方式。平日里，我会在早上8点左右到办公室，走到工位前，把包放下，拿起咖啡杯，然后去茶水间弄点咖啡喝。在那里，我会听到办公室里最新版的流言，在场的人通常有我、玛利亚，还有其他几个同事。

但凡跟办公室里的事沾点边——从我们老板的婚姻大事，到我们同事萨曼莎可能被解雇，再到我们销售经理羞辱过的那个重要客户，玛利亚都不会放过。我从来不知道她是从哪儿搞到这种信息的，可她就有这种本事。

有一天，她在讲我们办公室的人是怎么成天抱怨最近工作量增加不少的事情。我当时就说，老板安排这么多活让人干，这简直太荒唐了。这下好了，就在几天后，我发现周围同事跟我说话的样子都变了。办公室里有个朋友来到我的办公桌旁，私下跟我说，玛利亚正在散布流言，说我想要辞职呢。这完全是一派胡言！我喜欢这份工作。我有些伤心，生怕流言越传越远。

我决心找玛利亚讲清楚，告诉她，她传出去的全是错的，让她出面澄清一下。她冷笑了一声，一副爱答不理的样子。这太伤自尊了。我像是得了妄想症，总担心这件事会传到老板的耳朵里，毁掉我跟同事和公司的关系。

他们的影响 流言会像瘟疫一样传染给每个人。有关同事的那些无中生有的流言蜚语会催生出怨恨、紧张、不开心和不自在等负面情绪。人们喜欢办公室流言，差不多每个人都八卦过。Captivate 公司旗下的 Office Pulse 开展的一项研究表明，72% 的商务人士指出，他们在工作时说过同事和公司的闲话。对八卦型的人员构成进行分析后，我们有一些令人吃惊的发现：55% 的男人、79% 的女人、81% 的千禧一代、70% 的 X 世代和 58% 的婴儿潮一代，都承认自己在工作期间八卦过。[7] 不难看出，流言真是满天飞啊！

一旦有人成为流言的直接受害者，那会严重影响他们的工作，大大挫伤他们在团队中的工作积极性。流言会使人们无法安心工作，甚至会让人辞职。要是你成了流言的靶子，要想堵住流言可不是件易事，它会像野火一样迅速蔓延。流言无论真假，都会影响他人对某些同事的看法。

这样会使办公室里人心涣散、乌烟瘴气，伤害无辜同事的感情。

特点

- 爱说话
- 喜欢成为人们关注的焦点
- 不太会对流言的受害者感到内疚
- 装出一副和蔼可亲、善于交际的样子
- 总是置身于流言之外，除非流言对自己有利
- 闭上嘴可不容易
- 喜欢看热闹

调查

1）你或你的某个同事喜欢在办公室里挑起是非吗？

2）你或你的某个同事喜欢成为焦点吗？

3）你或你的某个同事是否总会忍不住在别人背后嚼舌根？

4）你或你的某个同事是否根本不管自己散布的某个不

实传闻产生的影响？

5）你或你的某个同事很少会深陷是非之中吗？

对于上述问题中的两个或多个问题，如果你的回答是肯定的，那么你或你的某个同事就属于八卦型。

6. 摸鱼型

他们是谁？ 这类人总想着能不干就不干。他们往往办事拖拉，老想着得过且过，可他们的同事却要为此付出代价，挑起他们扔下的担子。摸鱼型的人有一定的欺骗性，因为他们会装出一副忙忙碌碌、压力极大的样子，但这只是表面现象。起先，这一点很容易误导其他同事，毕竟装出一副工作负担过重、苦不堪言的样子可是他们的拿手好戏。他们能让别人对他们顿生恻隐之心，对他们网开一面，甚至主动替他们干活。

这与抢功型的人颇为相似。但对于别人帮他们干的工作，这类人未必会记在自己的功劳簿上。要是经理或老板对员工盯得不够紧，他们往往会偷懒耍滑。这表明，摸鱼型的人能成天这样偷懒，而不用付出任何代价，付出代价的是他们的同事。

案例 在我的上一份工作中，我们团队有个同事可真是太懒了。他每天早上能从床上爬起来，舟车劳顿地赶到办公室，就是个奇迹了！不管是他那不修边幅的衣服，还是不干实事的做派，无不透着一股恶臭的懒散之气。每次公司安排我跟他合作，我都恨透了这个决定。我清楚，我得准备在未来一周内没日没夜地加班了，因为我一个人要干两个人的活。我根本指望不上他能出点力，他总是有借口。但过了一段时间后，他的那些借口也就让我见怪不怪了。在他工作拖拉时，尽管我会想办法招呼他赶紧干，但他好像从来没听进去过。对我说的话，他总是一个耳朵进，一个耳朵出。

这简直让我太失望了。我以前跟老板讲过这件事，但他似乎从来没把这当回事。多数情况下，他只会说，我不该替这个员工干活，我应该让他自己去干。我心里想，这个建议可真够糟糕的。要是我不干他手头的工作，那么我们最后就没法按时完成公司交代的任务了，这不就是等着挨批！我觉得这样做并不明智，因此我还是接着去干他没干完的工作。这样一来，我感到更失望、更疲惫了。直到有一天，我决定辞掉这份工作。

他们的影响 谁也不愿意跟摸鱼型的人一起工作。摊上摸鱼型同事的人都知道，所有的工作到最后都得由自己来做。跟摸鱼型的人一起共事单调乏味，毕竟他们不光偷懒耍滑，还缺乏同理心，他们根本不管是谁肩负起他们的工作重担。这会导致团队内的其他成员因为不得不多承担一份工作且没有额外的经济刺激，而感到压力巨大、灰心丧气、疲惫不堪。想想看，你身边有个同事，他工作时能不干就不干，可挣得一点不比你少，说不定比你挣得还多，那该是多么令人失望的事情！这样会造成同事关系的紧张，引发对同事和工作环境的强烈不满。

特点

- 倦怠和懒惰
- 既无抱负，也无干劲
- 好像对他人漠不关心
- 做事难以专注
- 在工作中几乎不动手，甚至根本不动手
- 对工作和同事冷漠无情
- 自以为是
- 假装在工作，可实际上什么也没做

调查

1）你或你的某个同事会靠别人来完成没做完的工作吗？

2）你或你的某个同事是否缺乏干劲或动力？

3）你或你的某个同事工作时常常会心不在焉吗？

4）你或你的某个同事会假装在工作吗？

5）你或你的某个同事工作时会偷懒耍滑吗？

对于上述问题中的两个或多个问题，如果你的回答是肯定的，那么你或你的某个同事就属于摸鱼型。

7. 事必躬亲型

他们是谁？ 这些人是办公室里的"直升机父母"[①]，他们一般都身处管理职位，但也有例外情况。事必躬亲型的人成天围着团队转，确保一切在自己的掌控中。要是有什么事不能按他们认可的方向发展，他们往往会接管项目，亲自完成工作。他们缺少自知之明，很难听进去别人的建议。他们对同事缺乏信任，生怕自己失去了控制力。对他们来说，控制力乃是重中之重。要是他们感到可能会失去控制，那么他们就会整天围着团队转，或是亲自上阵。

案例 我的经理就是个十足的事必躬亲型管理者。他一有空就在我们办公桌周围转悠，不停地问我们手头的工作

[①] 国际流行词语，是指像直升机一样时刻盘旋在孩子的上空，过度干预和保护孩子的父母。此处指对他人工作过度干预的人——编者注

第 2 章　最常见的 16 种职场混蛋

做得怎样了。这就是他的"微观管理法"。他要知道我们一天中的每一秒都在做什么,就是想确定我们是否在按他心目中最有效的方法工作。请注意,他心目中最有效的方法未必是最有效的。他有时会参加我们团队的会议,美其名曰"听听而已",但结果总是变成他告诉我们该按他的想法去做。

我们根本没法决定自己该做什么,这确实让人感到沮丧。有时,他甚至会说,他想"试试看"——这其实是说,他要替我们完成整个项目。他每次这么做的时候,我们就会觉得自己人微言轻,是公司里无足轻重的一群人。经理完全不理会我们的声音和想法,这真是让人失望。

他们的影响 事必躬亲型的人往往并无恶意,就是希望公司、他们的同事和下属能取得成功,但却要牺牲同事和下属的幸福感。他们事无巨细的管理风格让下属觉得,不管怎么做,都不够好。如果员工的工作总是被别人抢去做,这些员工就会觉得自己在工作中没有发言权,自然会有不满情绪。因为他们无权决定任何事情,这会让他们感到非常失望和沮丧。最终，这会造成办公室里的员工干劲不足、精神不振，对那些事必躬亲的人心生愤恨。

特点

- 想方设法去评价同事的工作
- 会全面接管项目
- 往往觉得同事就是一群能力不强或者效率不高的下属
- 自以为是
- 自认为积极主动，可实际上在伤害同事
- 优等生
- 对他人缺乏信任

调查

1）你或你的某个同事是否总在评价其他同事的职业道德和（或）工作理念？

2）你或你的某个同事往往会全面接管任务或项目吗？

3）你或你的某个同事会没有合理的理由就非常不信任

共事的人吗?

4）你或你的某个同事是否觉得自身的能力和想法优于办公室里的其他人?

5）你或你的某个同事是优等生吗?

对于上述问题中的两个或多个问题，如果你的回答是肯定的，那么你或你的某个同事就属于事必躬亲型。

8. 内卷型

他们是谁? 人如其名，这种人在工作中竞争意识很强，但有时却会成为一种破坏力。他们很可能小小年纪就表现出竞争的欲望，这可能体现在体育比赛中，也会体现在平日学习里。他们会把生活中的一切变成一场竞赛，但往往不是那种有趣的竞赛。他们认为成功才是头等大事，要是降低一点目标，他们是绝不答应的。他们的成功可以是每天早上头一个来办公室上班，一周内卖的车最多，或是公司里获得"月度最佳员工"奖次数最多的人。

通过在职场中营造出一种竞争的氛围，他们迫使同事参与他们的竞争，卷入自己其实不想参与的竞争。内卷型的人不好相处，毕竟除了他们之外，好像别人都不该成为第一名。他们总有办法击败你——总能这样。

案例 在我的同事马克看来，一切皆竞争。他必须是第一个到团队会议现场的人，这样才能坐到最好的位子；他必须证明自己的成就比别人的都了不起；他必须是最快完成工作的人。总之，不管干什么，他都要是第一名。对于团队里的每个人来说，这一点实在令人讨厌。

起先，我没把这一点放在心上。一直以来，我喜欢某种友好的竞争，这样能鼓舞我，可在拼命追赶他的步伐之后，我感到身心俱疲。要是我们的工作有规定的完成时间，他就会拼命赶工，不停地过问我和同事的工作进度。要是我们的进度比他慢，不难看出他挺高兴，还会夸耀一下自己的进度。一旦他完成了工作——往往早早就完成了——他一定要让办公室里的每个人都知道这个好消息。他会毫不犹豫地向全世界宣布，他是第一名。

有时，我发现自己深陷这种竞争之中，因自己不能像他那么快地干完工作而感到疲惫不堪、压力巨大，或是担心在他给办公室里带来竞争后，我们的老板会将他视为我们团队里最出色的员工。我知道，我们都在按自己的节奏推进工作，而且干得快不一定代表质量高。但是，我们很难不被卷入他的竞争。这种竞争是有毒的。

他们的影响 内卷型的人会把大家搞得精疲力竭。他们将一切都变成一场竞赛，迫使周围的人参与其中。他们可能会给其他同事造成很大的压力，让同事觉得自己工作不够努力，或是不会成功。他们总会让同事感到自己不够优秀或出色，自己的工作没有竞争对手干得好。这种失败的感觉会导致焦虑不安、士气低落、信心不足。

特点

- 往往情感强烈
- 精力旺盛、很活跃
- 凡事都要争第一，以体现个人价值，获得满足感

- 优等生
- 会贬低那些抢走自己"冠军头衔"的人
- 不太顾及他们的"竞争对手"（他们的同事）
- 心底缺乏自信，但很难启齿

调查

1）你或你的某个同事会把一切都变成一场竞赛吗？

2）你或你的某个同事会想要成为第一名吗？

3）你或你的某个同事会感到那些更优秀的人威胁到了自己吗？

4）你或你的某个同事会贬低那个威胁到自己"冠军头衔"的人吗？

5）你或你的某个同事会很看重别人的看法吗？

对于上述问题中的两个或多个问题，如果你的回答是肯定的，那么你或你的某个同事就属于内卷型。

9. 自恋型

他们是谁？ 一般来说，这种人觉得自己比别人强，觉得有些工作交给他们做纯属大材小用。他们希望一直生活在赞美声中，始终是人们关注的焦点。他们的典型特征是：经常贬低同事；不管职位高低，他们总感到自己高人一等。

自恋型的人最在乎自己在别人眼中的形象。他们坚信，自己是办公室里智商最高、品行最好的人，但不会把这些直接说出来。有时，他们的自恋倾向也源于心底的自卑，他们要向自己证明，他们是名副其实的强者。为了达到这个目的，他们把自恋发挥到了极致。一般来说，这正是那些拥有优越情结的家伙们的弱点，但得益于他们一贯表露出的自信，自恋型的人往往会被委以重任。

案例 我以前的一位经理就是十足的自恋型。他每次走进办公室时那副趾高气扬的样子，就好像他是公司老板。他对人一会儿热情似火，一会儿冷若冰霜，所以跟他共事可太不容易了。虽然他也会对人态度友善，但我过了好一阵子才意识到，那正是他处事圆滑之处。一切溢美之词只是为了体现他自己非凡的成就。

例如，他向我们团队表示祝贺，可他说的话让人听上去更像是在赞扬他自己，夸他是如何领导团队走向成功的。他从来不会真正关心我们的工作，甚至不会关心我们平日的生活。他像是生活在气泡里，而在那里，他就是一切的中心。公司每次召集大家一起头脑风暴，看大家有什么创意时，他总能压别人一头，提出别人根本想不到的点子。可要是他感到别人的想法威胁到了他——往往是在其他人极力支持某个同事的想法时——他就会找个借口，说这个想法根本行不通，或者说这个想法非常可笑。

他必须永远都是"对"的，一旦他错了，他就会想方设法让自己变成对的。一般在这个时候，他会贬低那些质疑他的人。他非常在意别人对他的看法，以至于为了达到他给自己设定的理想标准，他根本不在乎自己贬低的是谁。与他这种人共事绝非易事，因为我觉得我的想法或声音对公司没有任何意义。他的这种自恋式的做法让他感到一切都要为他的"伟大"服务,他是公司兴旺发达的唯一原因。这是一个重度妄想症的人才会有的心态,要是你成天要跟这样的人共事,一定会感到精疲力竭。

他们的影响 自恋型的人是我们在办公室里更常见到的一种"混蛋"。他们会对公司产生各种不同程度的影响,或积极、或消极。不管在什么情况下,他们都坚信自己无往而不胜。因此,他们经常会成为公司的杰出领导人。但不利的一面是,他们通常过于自我陶醉,而对其他人则漠不关心,除非他们想从别人那里得到些什么,或是别人妨碍了他们这种自恋式的做法。

与自恋型的人共事可能让人倍感沮丧。这种人总是贬低别人,瞧不上别人。他们很少倾听别人的想法或观点,对别人总是不信任。这样一来,办公室里充斥着失望、士气消沉、缺乏自信和低价值感等负面情绪。

特点
- 只关心自己

- 会说服别人接受他们的观点
- 他们认为自己是办公室里最聪明的人
- 充满自信
- 不愿倾听他人看法
- 大部分时间都在谈论自己
- 不够谦虚

调查

1）你或你的某个同事会觉得自己比办公室里的其他人强吗？

2）你或你的某个同事会认为其他同事的想法都不值一提吗？

3）你或你的某个同事会三句话不离自己吗？

4）你或你的某个同事会对自己和自己的工作过于自信吗？

5）你或你的某个同事经常会贬低其他同事吗？

对于上述问题中的两个或多个问题，如果你的回答是肯定的，那么你或你的某个同事就属于自恋型。

10. 抱怨型

他们是谁？ 这种人是办公室里"爱哭的孩子"。抱怨型的人好像总看不到工作或生活中积极的一面。在他们眼里，万事万物都是他们抱怨的对象。他们会向同事表达不满情绪，往往会使听者感到厌烦，让办公室里士气消沉。他们会抱怨工作任务和个人生活，但凡能想到的事，他们都会抱怨个不停。如果有人听他们说话，他们就会大声抱怨。

没有什么事能让这种人满意。不管他们取得了多大的成功，或是在工作中有多出色的表现，他们都觉得不够好，对于自己和别人都是如此。他们会直言不讳地表达自己的不满情绪——令人厌烦地说个没完。一般情况下，他们对自己当下的工作缺乏热情，而他们宣泄自己不满的方式就是抱怨。

案例 在办公室里，艾米丽就坐在我的旁边。在工作中，她是个活泼和善的朋友，但她身上有一点却让我受不了。她成天在发牢骚，抱怨身边的每件事。她抱怨的事有时跟工作无关。她会抱怨自己丈夫实在是太懒了，抱怨"烦人的"大学好友不停地给她发短信。当我忙于手头的工作时，我会听到她不停地叹气，然后就开始跟我抱怨了起来——我甚至没抬头看她一眼。她这样做让我很泄气，我根本没法正常工作，加之她抱怨的都是些不好的事，这让我也变得消极。

她还会抱怨办公室里的同事。可我喜欢自己的工作，也喜欢她成天抱怨的那些同事，因此她的话让我为难。要是她言过其实，我再想一如既往地冷静看待身边的同事就变得不容易了。如果她说一些我们老板和同事的坏话，我难免会受她这些话的影响。虽然我尽量不去听，可还是很容易在她的声声抱怨中越陷越深。

"没准我们老板有几个亲信。""没准我们的同事其实并不关心我们。"——她说的每句话都会让我对周围的一切心生怀疑。现在，我也对工作产生了消极的看法，从而影响了我的工作进度以及在团队里的敬业精神,因为她打压了我的积极看法,将她的消极的看法推向了前列。

他们的影响 办公室里抱怨型的人会感染到其他人,就连最乐观、最满足的同事也难免会受到这种人负面想法的影响。由于这种人的消极态度会影响他人,因此同事们很难在工作中感到开心。这使得大家的工作干劲和决心都大不如前,造成团队内关系紧张,可能生出各种是非。

这种人常会抱怨办公室里不同的人,使得其他人也深受他们的影响,最终造成同事间的不合。他们不停地发牢骚,使得办公室里士气消沉,进而导致大家工作不认真、缺乏幸福感。

特点
- 什么都抱怨
- 好交际
- 喜欢说话
- 自以为是

- 对工作没热情
- 工作时往往挂念的是自己的事
- 工作敷衍了事

调查

1）你或你的某个同事会经常抱怨吗？

2）你或你的某个同事是否在办公室里不开心，工作效率不高？

3）你或你的某个同事是否对目前的工作不满？

4）你或你的某个同事会因一些烦心事而无法安心工作吗？

5）你或你的某个同事是否对工作有关的事大都持消极的看法？

对于上述问题中的两个或多个问题，如果你的回答是肯定的，那么你或你的某个同事就属于抱怨型。

11. 挑刺型

他们是谁？ 这类人往往工作努力，但很难与之相处，这是因为他们有一种"无所不知"的心态。他们是完美主义者，但他们经常会使团队工作效率不高，甚至纷争不断。挑刺型的人遇事过于谨小慎微，他们点灯熬油地工作，为的就是确保一切自始至终都是完美的。他们在很多方面都是优秀员工，可在有些方面，与他们共事真是让人厌烦透顶。

要是跟这种人一起完成某个项目，那你就要花上好长时间辛辛苦苦地去研究每一个细节，但从长远来看，这么做实在是没有必要。挑刺型的人一般不会提前完成某个项目，而是一直干到交工的日子。他们会因"不够好"而感到内疚，劝别人跟他们一起加班，不断完善手里的工作。这一点让同事很恼火。由于挑刺型的人有一种"万事皆有缺陷"的心态，他们有时甚至没法按时交付项目和任务。

案例 每次我们有一个紧急的大项目时，我都希望自己别跟山姆一组。这并不是说我不喜欢他，而是他搞得没人能跟他合作。我以前和他在一个团队里合作过，那是我一生中无论身体上还是感情上最精疲力竭的时期。

距离我们的项目交付差不多还有一周时间，我觉得我们已经做得挺好了。我对我们完成的工作充满信心，我们整个团队也认为工作完成得很好。可山姆检查了整个项目，提出了许多页的修改意见。我理解修改的必要性，可他提出的修改大都没有必要，甚至有些过分。这些修改工作让我们倍感压力，他逼着我们每天长时间加班，直到最后一天。

在那一周，我几乎没有睡过一次好觉。我差不多要到半夜才能下班，可早上7点左右就要回到办公室。我的工作与生活间的平衡被彻底打乱了，这让我很沮丧，讨厌起了自己的工作。我心里清楚，这些修改工作纯属多余，这是让我感到沮丧的原因，也让我觉得自己在浪费时间，无缘无故地熬夜加班。在我看来，工作与个人生活间的平衡至关重要。在完工日之前的那段时间里，这种平衡不复存在了，这让我感到心力交瘁，开始憎恨起这种侵扰生活的事情。

他们的影响 挑刺型的人秉持完美主义思想，怀着"万事皆有缺陷"的心态，结果使同事身心俱疲、士气低迷。由于一味追求完美，他们会使工作进展缓慢。从长远来看，这样会造成更不利的后果。因为他们总能找出工作中"需要"解决的问题，同事们经常会觉得自己完成得不够好。因此，团队士气大挫，大家劳累过度、疲惫不堪。这样一来，同事们会郁郁寡欢、信心不足、关系紧张。

特点

- 优等生
- 完美主义者
- 有一种"万事皆有缺陷"的心态
- 愿意加班加点地工作
- 非常敬业
- 不关心他人的生活和时间安排
- 常觉得高人一等、无所不知

调查

1）你或你的某个同事会对细节一丝不苟吗？

2）你或你的某个同事会为了使工作尽善尽美，不惜牺牲个人生活吗？

3）你或你的某个同事是否以为别人也会为了追求完美，可以经常加班？

4）你或你的某个同事是否非常敬业？

5）你或你的某个同事是否经常觉得什么都不够好？

对于上述问题中的两个或多个问题，如果你的回答是肯定的，那么你或你的某个同事就属于挑刺型。

12. 毒舌型

他们是谁？ 这种人会小声说一些刻薄的话，或者在你背后或当面讲一些难听的话。他们是十足的卑鄙小人。毒舌型的人不在乎他们说的是什么或者他们说给谁听。他们讲一些话，就是要打击其他同事的自信心，故意击垮他人，并在这个过程中创造一种有毒的工作环境。

这种人很容易使其他同事信心全无、无心工作，这是因为他们的盛气凌人会击垮他人。毒舌型的人对别人少有恻隐之心，全然不顾自己的话对别人的伤害有多深。在伤害他人和摧毁他人自信的过程中，他们体会到一种满足感——一种大权在握的感觉。

案例 当我刚步入职场时，我们办公室就有一个这样的卑鄙小人。他没有朋友——至少我们没发现他有朋友——谁也不愿看见他。要是他讨厌某个人或是觉得有人威胁到了自己，他会猛烈地攻击那个人，说一些让那个人深受伤害的话。有时，他甚至会无缘无故地说一些难听的话。

他似乎在伤害同事感情的过程中获得了极大的快乐。他会批评他们的长相、工作质量、个人生活，还有其他各种事情。如果他对别人的工作不满，他会大声地斥责他们不称职，还会指出他们在别的方面也不行。他会特意记住别人的细节、错误和缺陷，好在时机成熟时拿出来用。结果呢，谁跟他共事都会忐忑不安。

跟他待在一个办公室里，我的心里从来没真正踏实过。我生怕自己成为他下一个讥讽的对象，这让我焦虑。由于我一直在担心他会对我说什么，什么时候说，我的工作效率也变得每况愈下。他说的话很伤人，想要从他的话带来的伤害中恢复并不容易。

最后，我们老板意识到这个"毒瘤"对同事的负面影响，彻底解雇了他。自那以后，我平生第一次在工作时觉得心里是踏实的。办公室的氛围也变得更轻松、更愉快了。大家都能更积极地投身工作，而不会因心里受到伤害而无法安心工作，或是不停地担心他接下来会说些什么难听的话。

他们的影响 办公室里要是有个毒舌型的同事，这个人一定会伤害他人感情，伤害同事，让同事觉得受到了威胁，缺乏安全感。要是他对某个同事使坏，这个同事会心烦意乱、怒火中烧、意志消沉、自卑、工作效率下降。这种情绪会感染整个办公室，让大家都觉得工作环境缺乏安全感和幸福感。毒舌型的人是办公室里的一种负面因素，几乎总在为祸一方，而非造福一方。

特点
- 可能待人冷淡
- 感觉高人一等
- 往往盛气凌人
- 道德缺失、不近人情
- 想说就说
- 十足的卑鄙小人
- 只在乎自己

调查

1）你或你的某个同事对他人刻薄吗？

2）你或你的某个同事会想说就说，不管是否伤害到别人吗？

3）你或你的某个同事经常有一种优越感吗？

4）你或你的某个同事总是一副盛气凌人的样子吗？

5）你或你的某个同事很少或者从来没说过别人的好话吗？

对于上述问题中的两个或多个问题，如果你的回答是肯定的，那么你或你的某个同事就属于毒舌型。

13. 背后捅刀型

他们是谁？ 人如其名，这种"毒瘤"工作时常会背后捅刀（此处当然是一种比喻）。他们往往给人一种值得信赖的感觉，致使其他同事不自觉地向其透露个人信息。可要是这种人觉得这些个人信息有利可图，他们就会将其泄露出去，以此伤害他们的同事。

此外，要是背后捅刀型的人感觉有人威胁到了自己，他们会第一时间朝同事大喊大叫，以达到嫁祸他人的目的。为了自己的利益，他们不怕树敌太多，他们会不择手段地得到自己想要的东西。他们会以各种方式给同事使绊子，例如透露别人的秘密、散布别人的谣言、嫁祸于人。

案例 我的同事凯蒂和我都有机会获得提拔，可老板只给了一个晋升名额。我们谈过这件事，都为这个机会感到高兴。但我们商量好了，不管最后谁得到提拔，另一个都不会生气。我们相互尊重，清楚我们两个人都有资格得到这个机会。我自然想晋升，但我也承认，我的朋友同样有机会。

为了获得晋升，我们俩分别跟老板有一次单独的谈话。凯蒂见老板的时间安排在我之前，我祝她好运，她朝我紧张地笑了笑，激动地说："你也一样！"我在办公桌前焦急地等待着，不时朝老板办公室的方向瞥上一眼。最后，总算轮到我了。凯蒂走出了办公室，她在我进去的时候朝我竖起大拇指，一副鼓励我的样子。我坐在老板办公桌对面的真皮椅子上，老板向我说明了此次晋升的一些要求，还说我符合晋升条件，可在决定提拔谁之前，她要先跟凯蒂和我谈一谈。

我们的谈话很顺利，但我能觉察出她有些心不在焉。她接着说："我最近发现，你一直跟同事讲在这儿工作很不开心，你想要辞职。真是这样的话，我觉得这次提拔你就不合适了,毕竟你正打算辞职,想找一家更好的公司。"

我的心一沉。我只跟凯蒂说过这些话,她不可能和老板讲的,对吧?难道她想靠这种手段得到晋升?这难道一直是她的计谋——背后捅我一刀?这让我很难堪,我当时真有点下不来台。虽然我极力想否认,可我总不能向老板撒谎说,我没说过这些话。我跟凯蒂的关系再也回不到过去了。最后,我们俩都没有晋升成功。

他们的影响 背后捅刀型的人会在同事最放松警惕之时偷偷接近他们。这种人的行为会对同事造成消极的影响,使同事在各种不同的方面成为受害者——断送了事业、失去了晋升机会、败坏了名声。这种人还会挑起矛盾,并在他们一步步有毒的行动之后,把办公室搞得乌烟瘴气,形成一种缺乏信任、士气消沉、关系紧张、忐忑不安的办公环境。

特点
- 起先看似很友善

- 会跟他人讲一些人的秘密，为的是从中得到好处
- 非常细心
- 会表现出一种争强好胜的样子
- 对他人缺乏同理心
- 觉得什么都该是他们的

调查

1）你或你的某个同事是否曾利用机密信息，为个人事业谋过利？

2）你或你的某个同事是否认为透露别人隐私不是什么大事？

3）你或你的某个同事很是争强好胜吗？

4）你或你的某个同事是否不怎么在乎朋友的感受？

5）你或你的某个同事会把自己的利益放在第一位吗？

对于上述问题中的两个或多个问题，如果你的回答是肯定的，那么你或你的某个同事就属于背后捅刀型。

14."已读不回"型

他们是谁？ 要是你发电子邮件给这类人,并且得到了他们的回复,那你可太走运了。眼看着最后期限就要到了,你会发现"已读不回"型的人实在难以合作。不管你的问题或请求多么急切,他们就是不回。就算他们真的答复了你,往往也是非常简短,甚至可能没有回答你的问题。

有时,这种人缺少自知之明,全然不知自己这种不答复的做法对他人的工作是多么不利。同时,还有些"已读不回"型的人是故意这样做的。他们为了出口恶气或是占些便宜,不惜伤害自己的同事。

案例 我的经理卡梅隆就是一个让我很头疼的人。他根本不会支持我的工作,回答我的问题,以及引导我沿着正确的方向工作(这些都是一个好老板该做的事)。相反,他对我的要求毫无反应。起初,我没在意他的这种做法,以为他在忙着做别的事情。有时,他会一两天后回复我，但内容很简短。他发来的电子邮件冷冰冰的，也就一两句话。

我本来不想把这放在心上，可很难做到。我不知道，是不是自己提的哪个问题或是别的什么事让他不高兴了。每次问他问题时，我都局促不安，尽量少问，甚至不问。这确实影响到了我的工作质量。我在做手头的工作时，往往缺乏明确的方向。我清楚，我所做的工作并不能体现我的真实能力，但我不想让老板讨厌我，毕竟我问的问题已经让他不满了。

在最近的一项工作任务中，我有一个紧要的问题问他，这个问题涉及的信息只有他才知道。那项工作要在周末完成，我周一给他发了一封电子邮件，为的是给他留出充裕的时间回复我。周二过去了，接着是周三、周四，可我没有收到任何回复。我接着又给他发了几封邮件，可仍是石沉大海。在那一周，我甚至还去办公室找过他两次，想着我亲自去找他的话，他能赶快把我想要的信息告诉我。可那两次见面时，他都跟我说，他正忙着呢，等他忙完了，他会第一时间跟我联系。可他并没有联系我。

到了周五，我只得把手头有的东西提交上去。但由于缺少信息，交付的工作成果并不完整。我感觉经理像是把我推到了公交车下面，他这样做简直毁掉了我的工作和名声。

他们的影响 办公室里有个"已读不回"型的人会让其他同事苦不堪言。在他人需要得到及时答复或是帮助时，这种人却毫无反应，这会让他人极为失望。如果问题得不到回答，则可能会影响团队的工作，给其他同事带来压力和挫败感。其他同事会觉得局促不安，认为"已读不回"型的人可能是因为生气或讨厌他们而不愿主动回答问题。

这也会产生一种连锁反应。若是与"已读不回"型合作的某个人没有得到关于该项目的答复或是明确的要求，则可能造成工作完成得不彻底或是延迟交付，进而给整个公司带来极其负面的影响。

特点
- 往往不关心同事的需求

- 经常给人一种生气或怨恨的印象
- 会很冷漠
- 别人往往找不到他们
- 一般不在意自己的一举一动
- 可能是一个注意力不集中的人

调查

1）你或你的某个同事不能及时回应他人的需要吗？
2）你或你的某个同事会经常忘记回复他人？
3）你或你的某个同事会不在乎答复他人？
4）你或你的某个同事会出于恶意而有意不回复吗？
5）你或你的某个同事会很容易被别的事情分散注意力吗？

对于上述问题中的两个或多个问题，如果你的回答是肯定的，那么你或你的某个同事就属于"已读不回"型。

15. 话痨型

他们是谁？ 这些人会随时来到你的办公桌旁，接着就说个没完。人如其名，话痨型的人不管什么事都能聊上半天，要是身边没人听他们说话，他们能跟旁边那堵墙畅谈下去。不论你暗示他多少次你真的很忙，他们好像就是无法领会你的意思。

在办公室里，要是大家能经常坦诚交流，谈一些跟工作有关的事，那是挺好的。可话痨型的人做得太过火了。他们根本不在乎自己在说什么，甚至他们说的话有可能跟工作没一点关系（除非话痨型的人碰巧也属于八卦型）。不论是话痨型的人跟你面对面交谈，还是你听见他们在和别人讲话，这两种情况都会在办公室里产生负面影响。每个同事都很有可能在某个时间深陷他们那没完没了的唠叨之中。

案例 在我到这家公司上班的第一天，我非常紧张。那是进入新的工作环境时常有的焦虑感：没有朋友，不适应新岗位，什么都做不好……那天，我在熟悉了新岗位后，有个同事走过来，说她叫林赛。她看上去挺好的，对我的生活很感兴趣。我们聊了一会儿。这时老板过来，交给我一些案头工作，林赛则回到了自己座位上。我当时很高兴，有人能跟我说心里话——不管怎么说，我已经交了个朋友。

在那一周里，林赛经常来到我的办公桌边，问问我的情况，谈谈她的生活或工作。说实话，这样聊一阵也是个放松的好办法，我也喜欢她过来聊天。可在我入职的几周后，我开始忙起来了，公司安排的第一项工作让我忙得不可开交。这是我第一次向团队证明个人能力的时候。我没日没夜地工作，但林赛还是像往常一样影响我的工作。我全身心投入，可没过一会儿，她就会走过来，开始跟我聊政治、她养的猫，或是她在周末都干了些什么。我不想态度不好地赶她走，因此我就坐在那儿，几乎听不进她在说什么。

由于她在我身旁喋喋不休，我根本没法集中注意力，影响了我的工作效率和干劲。这一切让我很沮丧。有一次，我终于鼓起勇气，告诉她我实在太忙了，真得专心完成工作了。她好像明白了我的意思，随即走开了。

接着我开始发现，林赛在办公室里找别人聊天也挺烦人，他们的说话声吵得我没法专注工作。我的注意力会渐渐离开工作，被她这种毫无意义的聊天带走。但她还在跟其他同事唠叨个没完，她这样聊天同样干扰了我的工作。庆幸的是，我按时完成了工作，但这是我努力坚守底线的结果。

他们的影响 办公室里话痨型的同事会逼着你离开"工作模式"，去听他们觉得非说几个小时才能说完的话。他们会使大家感到沮丧、工作效率不高。要让话痨型的人闭嘴可不容易，毕竟同事们生怕自己会显得粗鲁，从而让这种人心生怨气和感到懊恼。有一个不停唠叨的人在办公室里，你想要保持很高的工作效率，一心一意地做好工作，实在太难了。话痨型的人甚至会使工作质量下滑，没法按时完成工作，最终损害公司的利益。

特点

- 待人友善、好交往
- 是办公室里最爱讲的人
- 永远有说不完的话
- 自以为是——没有意识到自身的危害
- 不能专注做好自身工作
- 职业素养较差

调查

1）你或你的某个同事是办公室里最能说的人吗？

2）你或你的某个同事喜欢成为焦点吗？

3）你或你的某个同事工作时容易分心吗？

4）你或你的某个同事会经常在其他同事忙于工作时，去找他们聊些跟工作无关的事吗？

5）是否有人让你或你的某个同事别再继续说了？

对于上述问题中的两个或多个问题，如果你的回答是肯定的，那么你或你的某个同事就属于话痨型。

16. 空壳型

他们是谁？ 这种人往往来得最晚，走得最早。他们上班时常干些别的事情，比如查看社交媒体，或是干些杂七杂八的私事。有时，这些人工作时偷懒耍滑，靠别人去干他们没做完的工作。他们好像并不关心自己的工作或是身边的同事。他们没想着跟团队建立紧密联系，也不想做任何他们眼中"额外的事"。

一般来说，空壳型的人对工作既无热情，也无兴趣，总想着逃避工作。有时，他们会在上班时做一些跟工作无关的私事。这些人老是心不在焉，从没全身心投入工作。

案例 杰夫是我最要好的一位同事，我们俩差不多是同时进的公司，很快就成了关系很好的朋友。大概在我们入职八个月后，我发现他变了。他跟我们大家的交流少了，他的工作质量在下降，并且最关键的是，办公室里似乎看不到他的人影。我有时会走到他的办公桌边，跟他打声招呼。我发现，他在干跟我们当时的工作没一点关系的事。

这种情况出现过好几次。我决定当面提醒他，毕竟我们是朋友嘛。他让我不要跟别人讲，他正在筹备自己的公司，一旦公司办成了，他就辞职。他创建公司，追逐自己的梦想，我为此替他高兴。但拿着工资却干着私事，这总归不好吧。这对团队里的其他同事不公平，尤其是在我们要把他最后没干的工作做完的情况下。

这件事让我感到失望和沮丧。由于杰夫没把我们的工作放在第一位，这让我觉得我们的工作好像没那么重要。我注意到，他的一些做法影响到了我。我开始在工作时溜号，一会儿看一看脸书，一会儿在亚马逊上买些东西。有时，我不免有些自责，毕竟我拿着这份工资，却没把这份工作当回事。我决定不学杰夫那个样子，而是全身心地投入工作，帮助团队和公司取得成功。

他们的影响 空壳型的人看似对办公室没什么影响，可他们的影响却真实存在。当一个人在办公室里开始干跟工作无关的事情时，其他人会纷纷效仿。这样就产生了一种多米诺骨牌效应，从而成了团队里的一个大问题。空壳型的人往往会消极怠工，让其他同事肩负起他们的工作重担。

有一个不关心同事和公司利益的团队成员，是一件很让人沮丧的事。想想看，这个人拿着工资，可什么也不干，而其他人却要多干一份工作，但却赚得一样多，说不定还比他少一些。这会加剧职场中敷衍了事、心不在焉的不良工作风气。局面可能会失控，让经理和老板很难收场。

特点

- 上班时做一些与工作无关的事
- 往往来得晚，走得早
- 不参加下班后的任何团建活动
- 上班时看重的是个人私事，而非工作任务
- 没有认识到他们对团队造成的负面影响
- 上班时经常心不在焉

调查

1）你或你的某个同事是否在上班时经常干一些跟工作无关的事？

2）你或你的某个同事是否对工作不够用心？

3）你或你的某个同事是否一般不参加办公室里非强制性的活动？

4）你或你的某个同事是否经常早下班和（或）晚上班？

5）你或你的某个同事是否在上班时不把工作放在首位？

对于上述问题中的两个或多个问题，如果你的回答是肯定的，那么你或你的某个同事就属于空壳型。

PART 2

应对职场混蛋的八大策略

理想远大,始于足下,但关键是要迈出第一步。

——西蒙·斯涅克(Simon Sinek)

一旦你发现了职场中的"毒瘤"（可能也包括你自己），你就要采取行动，化解这种人对你、你的同事、客户和其他利益相关方的影响。在这一部分，我建议你尝试一下8种基于研究、经过检验的策略，以便你有效地应对和化解职场混蛋的负面影响。无论你是员工，还是管理者，下面几章的建议都能切实地派上用场。这里涉及的主题包括：

- 拒绝感情用事
- 拒绝参与他们的游戏
- 掌握一些化解冲突的办法
- 向不良行为提出挑战
- 不要为小事担心
- 从反面教材中学习
- 自己别做混蛋
- 招人要慢，裁人要快

第 3 章

后退一大步

> 如果你不喜欢某事，那就改变它。如果你改变不了它，那就改变你的态度。
>
> ——玛雅·安吉洛（Maya Angelou）

对于你在工作和生活中很可能已经或将会碰到的各种混蛋，我们已在前文做了一番介绍。现在，让我们后退一大步。在你知道自己有一个或几个同事是"毒瘤"后，你可能感到不知所措，但此刻，你也别太担心。在本章中，我们将会探讨有哪些方法能帮你认清这种人，并且成功地与他们相处（信不信由你）。

当你每天都在跟这些职场混蛋单独相处时，你的第一反应可能就是让情绪彻底左右你。这些人会激怒你，让你感情用事，你很容易被他们左右。我们常常因感情用事而无法理性地看待事物。这样会造成职场中形形色色的问题，比如工作效率下降、难有幸福感、自信心不足、普遍存在的不安。

不管那个混蛋在玩什么把戏，当你对此做出回应时，你就使那个人在某种程度上控制了你，毕竟他们清楚，怎样让你按他们希望的方式做出反应。他们真正感兴趣的是那些惹恼你的方法——要是你开始感到不开心，他们就会开心起来。他们要想精力旺盛、心满意足，那就要蚕食你的情感。

这就是你要在职场中设法回避的"毒瘤"，也是在生活中要远离的人。可要做到这一点，你首先要后退一大步。具体来说，就是让你站在 50 000 英尺的高度去审视自己的处境。如此一来，你就会对自己与职场混蛋之间的现状有一个全面的认识。你就能理性地看待自己的处境，看清这个人的真面目，也就知道了这种人为什么要这样做。

是因为他们自己缺乏安全感吗？是因为他们争强好胜吗？还是因为他们想把别人比下去，在事业中谋得利益？你不妨问一下自己这些问题，然后对自己的处境做个判断。

关键是，你确实要认真想一想，那个给你和同事带来这么多麻烦的人到底是怎样的人。在后退一大步后，你就能做到这一点，还能换个角度来看到自己的处境。可要是你跟职场混蛋走得太近、交往密切，你就很容易感情用事。你可以后退一大步，从更远的地方（比如 50 000 英尺的高度）看待人或事。

要想做到这一点，我们就要采取以下 5 个步骤。我们会对每一步进行讲解，以便你着手消除职场中的有毒之气。每一步对整个过程中都很重要，你越努力，收到的效果就越好。

1. 拒绝感情用事

我们人类是有情感的，是情感动物，这一点不是什么秘密。虽然我们无法改变这一事实，但感情用事有好的一面，也有坏的一面。我们大家都知道有一种"战斗或逃跑反应"（fight-or-flight response）[1]，也就是在你遇到威胁时，你体内的激素和其他强大的化学物质会发生一系列反应，从而帮助你做好应对它的准备。假如你去徒步旅行，碰到了一只饥饿的灰熊，那么你马上就会有这种反应——实际上，这种反应能挽救你的生命。可当我们身处职场时，这种级联反应可能会影响我们的理性思考。

我们身体对"战斗或逃跑反应"的响应机制非常有趣。我们的肾上腺素飙升，胃里有一种翻江倒海的感觉。我们开始冒汗、脸颊泛红，有些人甚至因紧张而抽搐起来——一条腿在抖动、一只脚在抽搐、不停地咬指甲、飞

---

[1] 心理学、生理学名词，是指机体经过一系列神经和腺体反应后引发应激，使其做好防御、挣扎或者逃跑的准备。1929年由美国心理学家怀特·坎农（Walter Cannon）提出。——编者注

快地眨眼,或是语速过快。"战斗或逃跑反应"其实再正常不过了,但感情用事的话,我们就会对那个激怒我们的混蛋做出过激反应。

当那个职场混蛋惹怒我们时,我们就会突然间情绪非常激动,难以控制。我们没法冷静地思考问题,也没法做出有利于自己的决定,而我们的反应恰恰是"毒瘤"希望看到的。在达到效果后,他们还会继续使出激将法——让你再一次感情用事——或者,他们会不停试探,直到找到另一种完全不同的办法来激怒你。这个循环会一直持续下去,除非我们决定彻底改变自己——后退一大步,不要再感情用事了。

当你在工作中碰到一个混蛋时,留意一下你自己的情绪反应。回想一下你当时对这个混蛋同事的反应。

- 你在做什么?
- 你的反应是什么?
- 你的感觉是什么?
- 你是否怀有戒心?
- 你是否感情用事了?

- 你是否感到不安？
- 这种情绪在影响你对事态做出积极的判断吗？还是说，它在让你更焦躁不安，更容易受到这种人在职场上释放的"毒素"的影响？

你可以问一下自己这些问题，留意一下自己当时的反应，这些可是认清并消除你的情绪化，让你做出更理性反应的重要步骤。

案例 在我的上一份工作中，我有个超卑鄙的同事，叫莫莉。每个季度末，团队里的每个人都要讲一下自己的成绩，其实就是总结自己在这个季度的工作。我记得自己当时特别激动，因为那是我在首次担任团队负责人期间，第一次为自己取得的成绩感到自豪。

在我讲完后，老板祝贺我取得的成绩。她说，她期待我下个季度有出色的表现。这让我信心倍增，而这也是我此刻在职业生涯中需要的东西。会议结束后，我正往洗手间走，这时，莫莉拦住了我。我记得她说的话句句扎心：

"你的工作可能干得不错,但你永远也当不了公司或是团队的领导。你也就是给人打工的命。你天生就当不了领导,所以,也别装出一副自己真行的样子。谁都知道,你根本就不行。"

莫莉的这番话完全让我猝不及防,我的心咯噔了一下。我感到胸口一阵发紧,一时不知道该说什么,因此我径直走向卫生间,然后大哭起来。这是我的冲动反应,我实在是忍不住了。在"战斗或逃跑反应"中,我选择了逃跑。我实在不想让莫莉或其他同事看见我在哭,因此我只能赶紧往卫生间跑。莫莉的这些话太伤人了。

我决定深呼吸几下,往后退一步。我逼着自己把那些阴郁的思绪赶出大脑。我问了自己一些重要的个人问题,主要关于我这样反应的方式和原因。我确认了莫莉说的话的确很伤人,而我不是无缘无故地生气。在问了自己这些问题后,我感到失望的是,我最初的反应其实就是逃离现场,而不是跟她据理力争。接着,我不断评估自己的处境、反应和想法。在那天余下的工作时间里,我继续使自己不要感情用事。

2. 换位思考

下一步就是要分析一下职场混蛋的所作所为。你可以暂时从自己的处境里走出来，从别人（同事、客户和你的老板）的角度看一看他做的一切。

假如你的同事或老板遇到这种情况，你觉得他们会怎么看呢？他们会怎么想？他们会如何认定这种行为？他们之间的看法一样吗？他们跟你的反应一样吗？为什么一样或为什么不一样呢？尽量从旁观者的角度来看待问题，这样你就能更清楚地认识自己当下的问题，以及你做出的反应。

为了让大家记起前面的内容，请回看一下第2章"最常见的16种职场混蛋"。看看这些形形色色的混蛋，搞清楚这个人属于哪一种。要记住，他们身上可能不会表现出某一种职场混蛋对应的所有特点。由于每个人的身上都会有职场混蛋的影子，所以人们或多或少会具有某种毒型人格。如果这个人好像与某种毒型人格最贴切，那么他很可能就是那种人。而且，别忘了，这个人可能有多重毒型人格。例如，他可能既是威胁型，也是八卦型。

在查看职场混蛋清单时，你需要把与这个人有关的职场混蛋类型，以及他们相应的特征记录下来，这样才能更充分地认清他是怎样的人。在这个过程中，可千万不能掺杂个人的感情色彩。要从办公室同事的角度来看待这个人，毕竟他们与那件事或那个人的距离更远，会更客观地看待事与人，不会感情用事。

案例 在那天余下的工作时间里，我努力使自己冷静下来。之后，我决定再往深处想一想，想想这个莫莉到底是怎么回事。要是我不这么做的话，我知道，莫莉的话就会深深地伤害我的感情，影响我的工作方式，甚至因为她的言语攻击，我会感到自卑，使自己的职业理想变得黯淡无光。

我决心再后退几步，从同事和老板的角度来评判这个问题。如果老板或同事看到了我跟莫莉之间发生的事，他们会怎么做呢？假如他们是我的话，他们会怎么想呢？他们会怎么做呢？

回答了这些问题后，我意识到，客观地说，莫莉说的话确实很刻薄。我认为谁也不会觉得她说的话好听。考虑到我的老板是一个自信、控制欲很强的人，她的反应与我的会大不相同——她会偏向战斗，而非逃跑。但是，我的其他同事可能会跟我的反应差不多。我们都还只是职场新人，想着怎样在这个行业内站稳脚跟。我查看了第2章中最常见的职场混蛋的清单，根据我与她相处的经历，匆匆写下了莫莉最有可能代表的职场混蛋的类型和特征。

下面就是我确定的一些符合她的混蛋类型：

- **威胁型**：冷淡；为了个人利益而威胁他人；善于操控他人；做事粗暴；能说会道；以精英自居。
- **嫉妒型**：表现出竞争的冲动；对他们所嫉妒的人发火或怀有敌意；认为他们比自己所嫉妒的人更优秀；很看重地位和影响力。
- **毒舌型**：冷淡；感觉高人一等；盛气凌人；道德缺失、不近人情；想说就说；十足的卑鄙小人；只在乎自己。
- **悲观型**：凡事总看消极的一面；认为没有一件事完美或足够好；对他人始终是一种冷嘲热讽的态度。

把这些写下来后,我感觉好些了。我意识到,我对莫莉的想法和感觉不只存在于我的脑海里。没准她就是清单中的某一类或某几类职场混蛋。这也让我看到了希望,认为自己可以做到不在意这件事,并学会在同一个办公室里继续跟她相处。

3. 搞清混蛋想利用你的哪些"情绪按钮"

我们大家身上都有一些别人想利用的"情绪按钮"[①],这就是人类的特点吧。它们被触发后,我们的反应有时是伤心,有时是愤怒或尴尬——甚至会有各种不同的反应。

那些"毒瘤"很擅长找出这些情绪按钮,让我们将他们想诱发的情绪表露出来。在我职业生涯的早期,我大学毕业后的第二份工作中,有个同事很嫉妒我,觉得我年纪轻轻,竟然跟她干一样的工作。我们俩都是合同谈判官,可她觉得自己是合同谈判大佬。她在我进入团队后就变得

[①] 个人心理上的情绪激发点。当被某个事件触发后,就会唤起相应的情绪,人们可能会被这种情绪左右,做出非理性的行为。——编者注

很不高兴，而她做的就是激怒我——她在这方面很在行。

有时，她知道怎样诱发我的情绪，让我忐忑不安。我当时年轻，也没人及时提醒我，因此我不知道怎么跟她这种人打交道。要是有可能的话，我会告诉当时年轻的自己，看一看你有哪些情绪按钮，然后判断一下这个混蛋在利用的是哪个，想办法搞清楚它是什么。要做出深入的判断可能会费些时间，但能抽时间做这件事却至关重要。

如果有人让你觉得你不如他们、工作不称职，说明他们触发的情绪按钮可能是你内心深处的一种不安全感。一旦你看到了这一点，你就能明白这些根深蒂固的问题——我们大家身上都有的问题——它们会表现为"情绪按钮"。这些问题包括缺少安全感、缺乏自信、容易生气、争强好胜等各个方面。

一旦你能跳出自我，后退一大步，然后审视一下自己的情绪反应，你就会开始逆向思考这些问题。回头看一下，那个人是怎样让你按他的想法做出反应的。他说了什么？做了什么？他怎么让你做出了那种反应？一旦你发现了这个人正在触发的那些按钮，那么你就可以化解对应的情绪反应，避免之后再次发生。认识到这个按钮是第一步，你要大胆地深入自己的思想和情感世界，认清自己的情绪按钮，以及它们存在的原因。

案例 对于莫莉到底是哪一种职场混蛋，在我思考得更加透彻之后，我又向后退了几步，把目光投向了自己。我要搞明白，自己为何会有那样的反应，我的情绪受到伤害的深层原因是什么。我为什么非要理会她说的话？换句话说，我为什么不能为自己挺身而出呢？我向后退一步，从情绪中走了出来，这虽然花了点时间，但却使我对自己反应的根源有了更清晰的认识。

我意识到，莫莉说的话与我自己缺乏安全感有直接的关系，因为我虽然不是什么领导，可我心里一直想成为领导。在我的人生中，我从没当过领导，好像也当不了什么领导。在我的工作中，我一直在慢慢地向更多的领导职位进发，最后我对自己的能力多少有了些信心。在刚刚过去的那个季度里，老板甚至安排我负责了公司里最大的项目之一。

在那次总结会成功后,我对自己当领导的能力一下子信心倍增。可就在我的自豪感爆棚之际,莫莉说的那些可恨的话伤害了我。她把我一段时间以来积攒的所有自信心彻底搞没了,可以说是荡然无存。在我察觉出这种对自身领导能力的不安全感是自己的情绪按钮后,我意识到它是可以消除的。虽说莫莉那一次知道怎样操控我的情绪,可这并不代表她将来也能得逞。

4. 征求他人意见

其他人会怎么想?这个混蛋对事物的看法跟你和其他人的一样吗?了解一下其他人(包括你的同事、老板,甚至是你的客户)对这个人的看法。他们看见这个人在干什么?他们的看法与你自己的亲身体会一样吗?在他们的眼中,这个人是混蛋吗?这个人也在触发他们的情绪按钮吗?

要是这家伙对一个或多个人产生了负面影响,那么你们如何共同改变这种局面?你能不能跟其他受害者合力对付这个混蛋的恶行？如果可以，共享信息或许能让你们直面这个人或你们的老板，并且大胆地处理问题。在办公室里找到一些支持者，让他们帮你对付职场混蛋，这可是非常积极有效的做法。

不过想得到他人的支持，你需要先提出问题。你要向同事敞开心扉，说出有人对你做的什么事导致了那样的感受。虽然这可能会让人望而却步，甚至感到尴尬、难堪，但你要想站在别人的角度看问题，这样做就很重要。你可能还会发现，有些人对某个人的看法跟你一样，但一直不敢直面这个问题。要是你向后退一步，真正去审视这个混蛋，那么在准确评判这个混蛋的所作所为，以及自己的应对之策时，他人的看法就显得极有价值。

案例 第二天上班时，我决定询问几个同事，了解一下他们跟莫莉相处的经历。只有这样，我才能站在他人角度看问题，从而避免对这个问题过于主观的判断。我想问他们以前是否和她有过交集。我从没觉得莫莉是最好相处的人，可我也不敢确定，她是不是像对我那样，也曾在公开场合对其他同事如此刻薄。

我找的第一个人是伊莱。他跟我做一样的工作，但在公司里工作的时间更长一些。他私下跟我说，有人就因为和莫莉有矛盾，所以辞了工作。自打她来这里，就不知惹了多少事。他说的话让我相信，我并不是反应过度或是把这太当回事。我跟伊莱讲了自己的遭遇，他劝我别把那件事太放在心上——"要是她感到自己受到了威胁，她就会那样做。"他说。

这让我有些不安，可我明白了一点——正因为我那天在总结会上的出色表现，她才会有那样的举动。接着，我决定再找个同事问一问。泰勒和我的工作岗位不同，但也是我们团队的一员。她告诉我，她刚来公司那会儿，莫莉就对她的长相说三道四。她说的那些话让泰勒实在难以接受，以至于在接下来的几个月里，泰勒一直感到很自卑。直到她看见莫莉对其他人说一些难听的话，她才意识到，问题在于莫莉，而不在于她自己。那天，我又跟其他几个同事聊了聊莫莉，他们讲的与伊莱和泰勒所说的差不多。他们都告诉了我怎样对付莫莉这种人。这些建议很有用，让我对整个情况感觉好多了。

5. 认清混蛋本质并采取应对措施

到了这一步，我们可以回看一下第 2 章。把第 2 章的模型和框架用在那个"毒瘤"的身上，这样就能认清他到底在使什么损招。在我们把第 2 章的内容过了一遍后，再来看一下本章第 2 步中你列出的清单，上面写着你觉得这个人可能属于的职场混蛋的类型。

在完成了上面的几步后，现在你对这个人有了更深刻的认识，接下来再尝试着稍稍完善一下这个清单。没准这个人就是那种混蛋；没准这个人跟我刚刚步入职场时遇到的那个同事一样会嫉妒别人；没准这个人也有各种不同的恶行。先要搞清楚你到底在跟哪种混蛋打交道，然后查看那份实战指南中有关如何对付这种人的建议，采纳建议并将其付诸行动。

案例 在解决与莫莉的这段不愉快时，我采取的最后一步就是看一眼本章自己前面列的那个清单，没准她就是其中一种职场混蛋。在采用了本章末"调节个人情绪的4种方法"，并向其他同事了解了他们和莫莉的相处过程后，我就能解读她的做法，认清她是怎样的人了。我最初的清单上列的是威胁型、嫉妒型、毒舌型和悲观型。在我掌握了新的信息，有了新的认识后，我仔细分析了所有那些特点，更确定她到底是哪一种职场混蛋了。她表现出的特点与毒舌型和嫉妒型最相似。

她身上有毒舌型的特点，因为她说话伤人，毫无同理心，当然还有其他特点。她对我说的话非常刻薄，这可是毒舌型的典型特点。她身上也有嫉妒型的一些明显特点，因为她在嫉妒别人的成功时，总会贬低别人。伊莱说过，莫莉在觉得有人威胁到她时，就会充满敌意、言语刻薄，而这些正好符合嫉妒型的特点。

在确定了她是哪类职场混蛋后，我接着就知道怎样对付她了。这一点对我在公司的一路晋升帮助颇大。我的自信心更强了，也能镇定自若地面对莫莉。她还是东说说、西讲讲，可我已经学会不把她的话当真了。当然，要做到这一点并不容易，但为了我的成功和幸福，这一切是值得的。

当你设法去对付职场中的"毒瘤"时，你首先要做的就是后退一大步。要跳出自己的情绪，跳出自己对眼前处境的反应。现在，切断联系，让自己从那次反应中脱身而出，冷静、客观地看待问题。纠结于自己的反应其实是在浪费时间——别陷进去，换个角度去看待问题吧。看一看那个人到底在做什么、对你有什么影响，还有你自己的反应是什么。然后采取一些切实的行动。

当有人触发你的情绪按钮时
调节个人情绪的 4 种方法

在工作中,我们大家都会遇到各种困难,比如客户发脾气、订单出现疏漏、高压的公司制度或业务要求。然而,我们面临的最大难题就是要跟职场混蛋打交道。虽说一直逃避这些紧张时刻并不现实,但在遇到难事时,控制好个人情绪却是完全能办到的。

做一个感性的人不是坏事,甚至还会助力你的事业发展。可当我们遇事时让情绪占了上风,那我们就会出现肌肉紧张、血压上升、怒火中烧、孤僻自闭等问题。此处有 4 种方法来调节你的情绪,从而使你能有效地管控自己的行动。

1. 不要忘记呼吸

当你感到紧张时,要记得保持正常呼吸。你还可以数一数自己呼吸的次数——有专家建议,吸气和呼气 6 次为一组,然后重复做几组,直到你平静下来。把注意力放在呼吸上，这样能让你不去理会自己惊慌失措的样子。

2. 练习咒语

Paravis Partners 的执行合伙人、《办公室之主》(*Own the Room*)一书的合著者艾米·仁苏（Amy Jen Su）建议人们创造一个能反复练习的咒语，这样有利于自身保持冷静。比如，咒语可以是："这一切会过去的"、"这纯属公事"或者"不要走极端"。

3. 转移注意力

你遇到了一个"毒瘤"？有人说过你的难听话吗？当你遇到这种情况时，尽量把注意力少放在压力的核心来源上，多关注积极的一面。想一想此时的你已经有了哪些进步？在找到解决方案时，你做了怎样的付出？当你把注意力从消极的事情转向积极的事情时，强烈的情绪反应就会少一些，从而为形成更清晰的解决思路创造了条件。

4. 描述当时的情况

人在压力大的时候，要充分认识自己的情绪反应。也就是说，你要描述自己当时的感受，比如"我能感到怒气在上涌"。你还可以设法描述他人此刻的感受。如果有个同事在朝你怒吼,你不要怒气相向(这样只能使事态升级),而要透过现象看本质。没准你的同事这样做就是因为他们担心自己没法完成销售配额,或是因为家里出了什么事。

在充满压力的商业环境中,我们如何控制自己的情绪,这可能决定了职业关系是建立,还是破裂。可若是你能更好地掌握调节情绪的技巧,你就能度过情绪的波动期。

第4章
不要参与他们的游戏

谁开局并不重要，重要的是谁完成了比赛。

——约翰·伍登（John Wooden）

要是你参与了那些混蛋的游戏，那他们可开心了。这样一来，不管他们在做什么，都只会恶性循环。然而，你完全可以不去参与"毒瘤"的游戏。要是你选择这样做，你就会切断使混蛋的负面行为越燃越旺的氧气。

无论是在哪种有毒的环境，确实都是一个巴掌拍不响。在职场中，要有一个"毒瘤"，也要有一个受害者——

承受毒害的人。面对"毒瘤"的种种做法，如果你积极应对或是卷入其中，那么他们就会成为你能想象到的最大的混蛋；可要是你无动于衷或是置身其外，避免感情用事，那么在看到你毫无反应后，他们只会以失望收场，接着去找下一位受害者。或许，当大家都对他们置之不理时，他们最终只能彻底放弃自己的恶行。

在大部分公司里，总会有职场混蛋能惹怒的人，也就是能被他们激发情绪的人。这些混蛋会继续自己的游戏，因为他们可以通过激怒他人使得对方做出自己渴望的反应，并以此获得满足感。似乎总有人在跟他们玩游戏，但那并不意味着你就得是那个人。你未必要做受害者，也未必要参与那些混蛋的游戏。

如今，你该为自己而战了。你要改变现状和结果。你可以拒绝，既不参与其中，也不做出反应，绝不涉足"毒瘤"正在发起的游戏。

在本章中，我们将探讨抵御职场混蛋的 5 大策略，毕竟他们的强项就是操纵你的情绪。通过这些策略，你就会真正明白怎样才能置身于他们的游戏之外——不管这样做会有多难。

1. 搞清他们在玩的游戏

"毒瘤"在职场中会发起各种各样的游戏，为的是激起他人的情绪反应。这种游戏可能只是他们看了你干的活，但觉得很一般。他们或许会在背后说你的坏话，或者在每周一次的员工例会上，想让你在老板面前难堪。不管是哪种情况，职场混蛋都旨在找到你的情绪按钮，借此激发你的情绪，引诱你做出反应。他们的做法可能表现为有毒的攻击——或微不足道，或影响很大——为的就是要让你产生情绪反应。

每个混蛋做事时都是有动机的。在"毒瘤"中，有人就愿意看着同事痛苦、难受，也有人总想办法让同事难堪，为了让自己显得更优秀；有人缺乏安全感，也有人就是个刻薄的小人，想要伤害别人。他们不择手段，以达到自己预期的目的，这些手段我们在第 2 章已经讨论过了。在这一步，你一定还要不时地回头看一看那份实战指南，这样才能进行正确的分析。

要弄明白职场混蛋为何那么做，你就要向后退一步——站在50 000英尺的高度去审视自己的处境。这样做后，你就可以摒弃感情用事，进而认清那个混蛋在发起什么游戏，他想要看到你做出何种反应。你能从截然不同、更有利的角度来看待这个人的一举一动。"后退一步"可以帮助你将情感和理智区分开，在分析这个混蛋想要看到你的何种反应时，保持理性很重要。要想办法搞清这个人想要你做出哪种情绪反应，然后再积极解决。

案例 去年，我发现自己在工作中进退两难。公司安排我和同事雅各布一起参与某个项目。在首个会议上，我们分配了每个人要完成的任务。我们两人都同意这样的安排，决定独立完成各自的任务。起先，一切都进展顺利，但当截止日期一天天临近时，情况开始变得奇怪起来。

我差不多做完了自己负责的那部分，但雅各布离他在那时应该完成的任务好像差得还很远。在我们的项目进度会上，他也没拿出什么计划，说他打算怎么完成工作。他一改之前达成的共识，对我说："你要把我们的工作都做完，不然的话，我就要和老板说，你是一个言而无信的员工。我在这家公司干了很多年了，所以，除非你不想干了，不然你别想赖着不做。"

他说这段话时，我不知道该怎么办——我顿时傻眼了。我很害怕，这让我措手不及。我不想让雅各布跟老板说我是个"言而无信的员工"，因为他在公司干的时间更长，职位也比我高一些。我可不敢让老板听到这话。

我按雅各布的要求去做了，完成了我们剩下的工作。面对雅各布的威胁，我做出了让步，这让我感到格外沮丧，可在当时，我也实在没有别的办法。

后来，我决定向后退一步，在彻底摆脱下意识的情绪反应后，评估自己的处境。我回想了当时的情形，问了自己几个很尖锐的问题，比如，他为什么要这样做？他的动机是什么？我为什么觉得自己要屈从于他的要求？我也想对自己面对的这个人有更清晰的认识。我得出了一个结论：他正在利用威胁手段，想从我身上占些便宜。这些威胁手段很容易让人屈服，尤其是在威胁者职位更高的情况下。他想让我心生畏惧,缺乏安全感,这样就会逼着我按他的要求去做。我得承认,他的阴谋得逞了。

2. 了解混蛋操纵你的方法

因此,一旦你搞清了混蛋正在发起怎样的一场游戏,你不妨看一看他们是如何通过游戏来谋得私利的,尤其需要看清他们是怎么跟你开展这场恶毒游戏的。每个混蛋都是有动机的,而这个动机决定了游戏的时机和内容,以及谁会是下一位受害者。要解决这个问题,你有责任了解清楚他们的动机,然后想办法破解它。要做到这一点,你最好向后退一步,这样就更容易把注意力放在他们的行动和言语上,而不是自己的主观认识上。

你不妨问一问自己下面这些问题:

- 他们在设法操纵我吗?
- 他们在利用什么样的行动或话语?
- 他们是在告诉我什么不该做,因为他们试图威胁我或让我感到内疚吗?

- 他们到底在做什么？他们为什么这样做？
- 他们有怎样的举动？
- 为了让我感情用事，他们究竟在做什么？

不管他们做了什么，那不过是他们操纵你的方法罢了。他们会有各种不同的表现，关键是你要密切关注事态，并参考第 2 章里的实战指南。这个指南能让你更好地理解那些混蛋操纵你的方式和原因。

案例 为了更充分地分析自己的处境，我下一步要做的就是了解雅各布玩的是什么把戏。显然，他做这些是有动机的，且不止步于让我替他干活。根据我对他的了解，他好像不是个偷懒的人，因此我猜他另有目的。当我回到第 2 章里提到的几种职场混蛋时，我意识到他的做法最符合威胁型的特点。他在威胁我，逼我替他干活，还想公然地靠权势压人。

在这一步，我想更深入地研究一下他的行动和特点，也就是威胁型的行动和特点。雅各布身上与威胁型最接近的特点包括：为了个人利益而威胁和（或）威胁他人；善于操控他人；有自恋倾向；做事粗暴；摆出一副自信的样子，以精英自居；能说会道。他想通过自己对我的控制力和权力，让我感到恐惧。他确实做到了这一点。

当我更深入地回想我们一起参与那个项目的经历时，我发现，之前我把他看成了跟自己平等的人。我觉得，我们大家都应该平等地对待每一位同事。我从来没有区别对待过他，毕竟他不是我的老板。我以这种方式与他共事，他可能会感到自己在我面前并无任何特权。或许他就是那种喜欢别人惧怕自己的人，或是希望有人想方设法讨好自己的人。我当然没那么做。为了能压我一头，他有意利用恐吓手段，逼迫我做他想做的事情。

3. 消除他们一直在触发的情绪按钮

当职场混蛋在触发他人的情绪按钮时，他们清楚，他们很有可能从受害人身上看到自己想要的反应。他们特别善于发现这些"按钮"——他们知道，我们每个人身上都有他们能触发的"按钮"。

在我们的工作中,那些"毒瘤"特别精于找出他们能利用的情绪按钮,然后找准时机"按下"它。我们大家都有脆弱的地方,只是通常不表现出来,但职场混蛋却能看透我们。

在这一步,你不要把注意力放在混蛋身上,而要放在你自己身上。你要自我审视,并且深入地认识自我。要搞清楚你自己的"按钮",然后想尽一切办法去消除它们。我知道,这说起来容易,做起来难。不过只要有耐心,就可以做到。

比如,有一个"毒瘤"在挑起你的情绪——他或她正想办法让你有一种内疚感。一般来说,"毒瘤"会得逞,发现能从你身上看到自己想要的反应。可如果你不做出任何反应,进而消除了情绪按钮,那个人就会不知所措,不能激起你的情绪,也就没办法得到想要的反应了。只要不做任何反应,你就能有效地消除这个"按钮"。

因此,要是有人在挑起你的情绪,你千万别做出任何反应。如果你能重新认识其言行背后的意义和作用,就可能会帮助你摆脱他们的控制。一旦你做到了这一点，你也就消除了"毒瘤"对你的影响。

案例 在专门研究了雅各布好一阵子后，我要审视一下自己的内心世界。我为何会屈从于他的欲望，竟然替他完成了任务？当时，我知道这样做不对，可我还是做了。当我想到这一点时，我想，要是老板知道我竟然替雅各布干活，而不是把本职工作放在首位，他恐怕会很生气。要是他知道雅各布本质上是在威胁我，那我敢说，雅各布可就惹上大麻烦了。

当我想到自己那时的反应时，我深入思考了一下我对自己的看法和别人对我的看法。我意识到，我一直觉得自己就是个下属。我到这家公司工作才一年，跟团队里的其他人相比，还比较年轻。我一直觉得要听别人的，从来不会提出自己的想法或主意。其实，这就是我缺乏安全感的表现——我总是觉得自己不如别人，一直认为自己的想法跟其他同事的比起来无足轻重。

雅各布显然看出了这一点，因而决定操纵我的其中一个致命弱点。这就是我的"按钮",如今我必须消除它,可这比我想象得要难得多。过了好长一段时间,我才学会如何坚持自己的主张,不用去管别人的看法——他们可能会觉得我的想法无用或愚蠢。做到这一点后,我作为公司的一位重要员工,自信心和安全感也随之增强。我还要在心理上做好准备,千万不要再屈从于雅各布的恶行,或是任何一位想要威胁我的人。我最后做到了,要是有同事威胁我,我绝不会听任他们摆布。当我发现自己能消除这个让我的事业麻烦不断的"按钮"后,我长舒了一口气。

4. 把混蛋赶出你的生活

虽然你还得跟这个"毒瘤"继续共事——尤其是这个人就是你的老板或者就在你的团队里——但你仍要想方设法把他们从生活中赶走。如果这个混蛋是你的同事,尽量不要跟这个人参与同一个项目或团队。在对付这种"毒瘤"时,不妨寻求老板的帮助和支持。尽量回避这种人,或者在他们想诱使你陷入一种有毒的环境时,直接拒绝参与其中。

如果那个混蛋是你的老板,那么你碰到了更大的难题。最理想的情况是,你应该设法把这个人从生活中赶走,但前提是不要辞职。首先,尽量解决跟老板出现的问题,可要是不行的话,那么就看一看,你能否去另一个团队、办公室或部门工作。如果你试过了这些办法,但发现都行不通,那么可以考虑找个新工作了。有时,某些混蛋对我们的心理健康和事业造成的危害可能更大,这种人我们就没必要费力去对付了。不过,这些只是极端的情况。

案例 在经历了雅各布那件事后,我再也不想跟他一起工作了,对他也没什么敬意了。不论是工作关系,还是个人感情,他不再是值得我尊重的人。我在工作中尽可能避开他,而且确实做到了——我和他很少有交集,因此做到这一点并非难事。

但是,我担心公司会再次安排我跟他一起工作。我相信,这不过是时间问题。每次老板安排我们跟某个同事合作完成某个任务时,我就很担心。我听见自己的心怦怦直跳，万幸的是，他虽然叫到了我的名字，但叫到的另一个同事不是雅各布。在我跟雅各布出现那次不愉快的几个月后，公司又安排我们合作，我心里很紧张。我应该保持冷静，跟他合作？还是应该态度坚决，跟老板说实话？这两种选择都充满风险。

最终，我决定跟老板谈一谈，告诉他我跟雅各布的过节。我们的谈话效果出奇的好——他甚至告诉我，我要是早点告诉他就好了。老板最后安排我与另一位同事合作。这样一来，我就不必跟雅各布共事，让自己难受了。老板还说，他将来再也不会安排我们一起工作了。他会出面解决雅各布这个问题，免得他在其他同事身上再生事。这不仅大大缓解了雅各布在身旁给我带来的焦虑不安，还最大限度地把他从我的生活中赶走了。

5. 寻求他人的帮助

我们遇到的一些"毒瘤"其实是很难缠的。他们可能会动用自己在职场的各种权力。没准这个"毒瘤"还是我们的老板。尽管如此，我认为，你和你的同事在人数上占有优势。你可以找出其他同事——那些受到这个"毒瘤"负面影响的人——与他们分享自己的经历。回顾一下你在本章中采取的对付职场混蛋的措施，讲一下这个"毒瘤"的各种恶行。看一看其他人是否跟你有完全相同的遭遇，搞清楚这个职场混蛋在哪些方面影响到了他们。然后，你们就可以结成同盟，一起对付这个"毒瘤"。

职场中的"毒瘤"把那个球高高地抛向你，一下子砸中你，他们玩得很开心，料想你不会把球扔回来，而且在大部分时候，也没人真的把球砸向他们。由于你的反应，他们因自己的行为得到了回报，这让他们感觉不错。如果你不参与这场游戏，选择把球还给他们——或是你早早地下手，防止他们扔的球砸中你——你就遥遥领先了。要想对付职场中的"毒瘤"，你就要做自己应该做的事情。

案例 为了搞清雅各布的情况，我决定要做的另一件事情就是跟同事谈一谈。虽然向跟自己关系并不是很密切的同事讲心里话让我觉得不太自在，但我还是跟办公室里的好几个人说了我的事，他们的职级有高有低。让我没想到的是，跟我交谈的大部分人似乎都直接或间接地与雅各布有过不开心的经历。

很多职级比我低的同事在跟他一起工作时，有过与我相似的经历。他好像用过不同的威胁手段，为的是得到他想要的东西，而这个东西未必和工作有关。我跟一个同事聊的时候，她对我说，雅各布威胁过她，要她每天早上给他带咖啡。这件事听起来很可笑，也太不专业了。

他们讲述的种种遭遇开始汇聚在一起。我意识到，办公室里的很多同事深受雅各布恶劣行径之苦，我跟他的过节并非孤例。让我感到震惊的是，很多同事虽然每天仍在照常上班，但心里却忐忑不安，生怕雅各布借助伎俩威胁他们的事业。

我必须做一些事情。因此我安排了一次会议，邀请了所有与雅各布有过不愉快经历的同事。我们在会上讨论了能采取的措施。我告诉他们，我把自己的事跟老板说了，老板反响积极，乐于帮助。我的话让他们看到了希望，觉得有可能彻底解决这个困境。我们决定跟老板当面谈谈，说出我们与雅各布之间发生的事，表达我们的担忧。

　　说实话，我一点也不害怕这样做会适得其反。我不想让老板觉得，我们是在为他的事操心。没承想，老板说他过去直接或间接地碰到过与雅各布有关的各种问题，他会决定该怎样解决雅各布的事。他感谢我们能对他讲心里话。我们回去继续工作，就这样度过了一天。第二天早上，我们来到办公室，发现雅各布不在工位上，他的东西都不见了。老板对我们宣布，雅各布要调到别的部门工作。我平生第一次感到自己说的话在公司里有一定份量，我的那种不安全感也彻底消失了，简直太好了。

　　一旦你明白了办公室里的混蛋在玩什么游戏，你也就明白了自己为何会做出那种反应。通过回想那段可怕的经历，你就能消除自己身上的那些情绪按钮——它们在别人使劲按下去的时候会刺痛你。我们一定要认识到，大家的这些情绪按钮都是可以消除的。只要我们承认它们的存在，我们就向前迈出了第一步，为我们探寻与混蛋同事的相处之道做了准备。

　　这样的话，那些与你有类似的遭遇却不能很好应对的同事也会发生积极的转变。在完成本章的 5 个步骤后，你不仅能使自己拥有更愉快的工作体验和更健康的心理状态，也有可能给办公室的其他同事带来同样的变化。你要带头采取这些措施，不要参与混蛋的游戏。

你有着强大的内心，现在该是用它的时候了。

第 5 章
掌握化解冲突的技巧

如果你无法回避、克服或承受某个问题,你最好与之交涉。

——阿什利·布里连特(Ashleigh Brilliant)

本章中,我们将学习如何化解冲突。在每个企业里,冲突都是不可避免、司空见惯的事。任何时候,只要两个人出现在同一地方,就会有冲突。一般来说,人们是可以融洽相处的,毕竟我们大部分人不想在工作中惹是生非,给生活平添不必要的压力。在职场中,这一点表现得尤为明显。工作中的种种冲突可能会影响你的事业和你在职场中的关系。

冲突有时微不足道，比如有人一时因某事朝你发火，这只能算是一个小冲突，无须引起管理层的关注。可有些时候，冲突可能事关重大，人们往往会激烈对抗，这时就要你出手解决了。不管有多难，你都要化解冲突。

小冲突倒也是常事，人们往往最后会小事化了，继续过自己的日子。然而有些大的冲突会长期搅乱办公室里的工作，或是导致工作效率低下。因此，这些冲突必须想办法解决。不管你是普通员工还是管理者，你都不应该让冲突失控。无论是怎样的冲突，或者牵扯到谁，你都要想方设法化解冲突。

身为员工，找经理或老板来解决办公室里的冲突，这样做可能有风险或是让人害怕。然而，为了确保办公室和团队能一切如常，我们有必要解决冲突。作为管理者，当出现了重大的冲突，甚至开始影响到员工的工作效率和热情时，你就要着手解决它。面对办公室里的问题和冲突，你可以置之不理，这倒也挺容易，可作为管理者或普通同事，你总要做点什么。关键是要态度积极地应对它，这样才能避免事态不断扩大,甚至到失控的地步。

在冲突刚发生时,解决问题会更容易些,可如果错失良机,冲突就会不断升级,直至失控。要化解冲突,以免其不断恶化,你必须采取以下5个步骤。请认真阅读,同时把有用的内容记下来。这些步骤适用于任何管理者和员工。在应对和化解办公室里的冲突时,每个人都能够,而且应该采取这些步骤。

1. 客观地审视冲突

要想化解眼前的冲突,第一步就是看一看卷入这场冲突的人,分析并了解他们的行为。在此过程中,要让自己尽量保持冷静,不要因冲突而感情用事。这样有利于你客观地看待当时的行为,还有造成冲突的原因。就像我们在上一章做的那样,你要后退一步,站在50 000英尺的高度去审视自己的处境。这是理解冲突根源的关键一步。如果你不这么做,你的情绪和个人偏见会妨碍这个问题的解决。

一旦你不再感情用事，学会了换位思考，你不妨问一问自己以下几个问题：只是因为有人不喜欢另一个人，所以才会发生这种事吗？是因为有人觉得自己被人轻视，感到自己未得到应有的待遇吗？是因为有人遇到了麻烦，在设法找出某种解决办法吗？这一步的关键是要找到冲突的根本原因，客观冷静地审视它，不夹杂丝毫的个人感情。不要纠结于冲突带来的情绪反应，要客观地分析事件的本质。

案例 我担任公司营销团队的经理已经有差不多五年了，办公室里隔三岔五就有些闹剧等着我去处理。这在一年里至少会发生好几次，避无可避。大概一年前，我经历了比以往更麻烦的冲突，而我必须要去解决。

我们团队里有两个人——切尔西和瑞安——他们起初好像是好朋友和好同事。可过了一段时间，我注意到他们之间的关系有了某种变化——他们的工作关系开始破裂，与此同时，整个办公室的工作环境也开始变了。之前，我们团队成员间关系密切、通力协作。可不知是什么时候，整个办公室似乎走向了分裂。我感到同事间的关系越来越紧张，但我就是不知道问题出在哪里。我只知道，这个问题一定跟切尔西和瑞安有关。这就很糟糕了，因为不管是在个人情感上还是在工作关系上，我都很喜欢他们。

我对他们两个人的看法发生了变化，可这不是我想看到的。看到他们，我感到不自在，也不踏实。我知道，要是我有那样的感觉，办公室里的其他人一定也有同感。因此，这自然是我要解决的问题。为此，我开始站在 50 000 英尺的高度去审视问题，希望自己先摆脱与瑞安和切尔西的情感联系。我意识到，我是带着感情色彩来看待这个问题的，因而无法看到事情的本质。

我站在旁观者的角度，问了几个自己能回答上来的问题。我得出的结论是：1）切尔西和瑞安是造成办公室里关系紧张的根本原因；2）切尔西和瑞安的关系已经破裂；3）切尔西和瑞安的这次冲突是由其中一人造成的——一个人对另一个人说了什么话或是做了什么事；4）他们的关系彻底破裂，不愿在一起工作，也不愿跟对方待在一起——至少他们当中有一个人是这么觉得的；5）让其他同事陷入这场是非的是他们两个人或其中某个人。在搞清这一切后，我就能更好地理解切尔西和瑞安之间发生的一切，也更明白我们团队所受到的影响。

2. 辨别冲突涉及的情绪

在你从客观角度认真审视了整个冲突后，接着你必须认清其中表现出的情绪。在完成这一步后，你还要继续站在 50 000 英尺的高度，这样才能从真正客观的角度分析情绪。

冲突的出现表明两个人或多个人之间存在某种情绪。冲突有时在一群人中发生，这时会牵扯到不同类型和不同程度的情绪。人们会感到不安、会生气、会发火。这些情绪是冲突的本质，并且情绪爆发是在所难免的。为阻止情绪失控，你必须想办法查出根源。只有这样，你才能对这些情绪有更清晰的认识。

你可以问一问自己以下这些问题：人们是否觉得自己受到伤害？人们是否觉得没人听他们的意见？人们是否感

到他人对自己的想法置之不理？冲突的本质是什么？那次冲突牵扯到了哪些情绪？如果你洞悉了这些问题背后的情绪，你就有答案了。虽然吃透这些问题可能要一段时间，但要想化解冲突，你必须努力去吃透它们。

案例 既然我能从更客观的角度去审视这件事，那么我就要搞清切尔西、瑞安和办公室里的其他同事一直以来流露出的情绪。过去我觉得这些情绪并不重要，忽略了它们。

我继续站在客观角度，仔细回想了大概一个月前事态恶化时自己察觉到的情绪。显然，人们觉得自己受到了伤害——我记得当时看见切尔西在哭，但我自然不想问东问西。我猜想，冲突就是从那时开始的。她一定是因为某件事受到了伤害才伤心的。这可能是瑞安说过的一句话，或是做过的一件事。瑞安看到她难过的样子，不知为何决定换个地方办公——可能是想躲远点，毕竟在她身边让瑞安有些不自在。也可能是切尔西逼着他换地方？

这使得办公室里的同事关系也紧张起来。有些人与切尔西的关系更密切些，从来不跟瑞安讲话；有些人跟瑞安的关系更密切些，从来不跟切尔西讲话。这让我有点不知所措。假如瑞安对切尔西说了什么难听的话，那么为什么同事们不都站在切尔西一边？我要更深入调查这件事。

3. 发现背后的需要

　　人有需要，人有渴望，这些是他们希望在自己生活中得到的。我们都有很多人生目标，而且这些目标是以我们的事业和个人生活为中心的。这些需要经常会转化成某种诱发职场不必要冲突的原因，对整个团队产生消极的影响。

　　你要认清是人们的哪些需要在驱使他们参与某个行动，从而造成了冲突。到底是什么在驱使他们做自己想做的事，或是在工作中得到他们想要的东西？一旦你了解了他们的需要，你就会更清楚，是什么在妨碍他们依靠自己实现或满足这些愿望。

　　可能的情况是，办公室里有人在妨碍他们满足个人需要。或许，这个同事想要在工作中取得成就，以此得到老板的认可或感激。然而，另一位同事妨碍了他满足这个需要。例如，某个人总喜欢露脸，把其他同事的工作成果算成自己的，那他就在妨碍这个同事满足个人需要，因为他的荣誉是从这位同事那里盗取的。

一旦你认清了那些基本需要，你接着就能知道究竟是哪些因素在影响人们满足自身的需要。发现人们的内在需要，这一步将有助于你理解并化解给办公室带来各种麻烦的冲突。

案例 现在，我必须找出问题的根本原因——我要搞清楚，这两个人之间为何会发生冲突。切尔西那天为什么会哭？这与瑞安有关系吗？这场冲突为什么会使团队好像分成了两派？我又想到了切尔西和瑞安，以及他们的相似和不同之处——这些可能是引发冲突的原因。他们俩年龄相近，大概是同时开始的工作，而且职位也一样。我马上就想到，由于职位相同，他们之间肯定存在一种紧张的关系，而这有可能使他们产生某种竞争意识。

我查看了上个月前几周的会议记录，差不多是我看见切尔西在哭的时候。我意识到，我曾简单提过有晋升的机会，我们将在接下来的几个月里，对所有人的表现进行考核。依我看，这也不算什么要紧的事，毕竟在将来的几个月里我们都没有打算找人上任。但对于那些想要晋升的人来说，这就不仅仅是一条新消息。这可能是引发冲突的原因吗？

两个人职位一样，都想要晋升，以实现个人的职业目标。这可能就是造成冲突的根本原因。没准，瑞安做某些事，或者说某些话，就是为了增加自己获得晋升的可能性，把切尔西挤下去。那切尔西是否也对瑞安做了什么？我要找出答案，这样才能彻底搞清二人的冲突。它正在引发整个团队更大的冲突。

4. 让员工认识到个人行为对他人的影响

很多时候，人们并没意识到自己的某种行为正在使他人产生负面情绪。这种行为可能会造成伤害、带来痛苦，让同事对他们不满。即使他们一心想伤害某个人，一般也不会想到，自己的行为会对团队，甚至整个公司产生不利的影响。

不管你是管理者还是普通员工，你都能向那个给其他同事添乱的人指出这一点。这听上去可能很吓人，有点让人望而却步，尤其在你不是管理者的时候。可要是你不敢上前一步，就不会有什么改变。

要想着手处理这个问题，你不妨悄悄地把那个正在挑起事端的同事拉到一旁，语气温和而平静地指出他的行为。如果你用指责的语气或言辞跟他说话，那可能会使这位员工怀有戒心，感到不满。当你和这个人讲话时，关键在于向他解释清楚他的问题到底是什么，以及他们的行为对办公室里的同事有哪些负面影响。

举个例子，如果你说你觉得某个人不如你，或者不是你工作上的好伙伴，那么这个人感到不安和伤心也就不难理解了。这是两个人发生冲突的根源。你要跟二人解释他们的行为是如何对其他同事产生负面影响的，这种影响的方式多少有点像多米诺骨牌效应。当面指出这个人的行为以及他对其他同事造成的负面影响,这绝非易事。但要化解冲突,这一步却很重要。

案例 要想正面解决这个问题,我就要向瑞安指出我注意到的问题。由于他似乎就是那个表现出不良行为的人,因此我要找他当面谈一谈,让他认识到自己的行为对团队造成的不良影响。我决定让瑞安第二天来我办公室一趟,我要跟他单独谈一谈。

他进来的时候,身上的衣服好像比平时更花哨,他的态度显得过于和气和谦卑。过去几年里,我认识的瑞安好像不是那种特别能聊的人,可在当时,他却滔滔不绝起来。他是不是觉得我当时就要提拔他?我让他坐下,然后跟他说,我想解决一直以来似乎越来越糟糕的问题。

我告诉他,我注意到办公室里的同事关系越来越紧张,而差不多在同一时间,他开始调换办公桌。我还向他解释我是怎么知道他和切尔西之间的关系出了问题的。我想让他知道,这正在给整个团队带来严重的问题。他以往的言行不仅造成了他与切尔西的矛盾,也造成了他与同事的不和。

我看得出，他有些措手不及，一时无言以对。他瘫坐在椅子上，深吸了一口气。他对此表示抱歉，说他没想到自己的话能引起这么大的麻烦，甚至影响到了整个团队。在得知我不是要提拔他后，他向我说了句实话。当我在会上提到有晋升的机会时，他非常激动，突然间特别想抓住这个机会。他知道，只有切尔西才有可能彻底打败他。他想确保切尔西不会妨碍他的升职。于是他在团队里散布了一些流言，都是切尔西以前私下跟他说的话，以此让她难堪。他没有确切提那些话的具体内容是什么，但显然不是什么好听的话。

这就是我们团队出现不和的原因，也是同事没有都向着切尔西的原因。我问过瑞安，他给别人传的那些话，也就是切尔西讲的那些话，是否跟办公室里的其他同事有关，他点了点头。我跟他解释说，他惹的这些麻烦是很难解决的。散布流言是一种恶劣的行为，不仅会影响到你想要伤害的人，还会伤害到其他同事。瑞安似乎明白了我的意思，他连声道歉。

5. 鼓励大家寻找解决方案

谁也不希望职场中的冲突一直持续下去，除非我们自己就是造成冲突的职场混蛋。我们很希望冲突能得到化解。我再强调一下，小冲突很常见，没什么好担心的。因此，在小冲突升级为大冲突之前，不要有太大的压力。可要是那些更严重、更难化解的冲突给工作造成了问题，比如大家变得三心二意、缺乏敬业精神、业绩大不如前，这个时候，你就需要积极化解这个冲突了。

要化解冲突，你不妨把所有存在矛盾的人召集到一起，鼓励大家主动寻找解决方案。首先，把每个人单独叫到你的办公室，私下了解他们的真实情况。比如，先了解第一个人的情况，然后再了解第二个人的情况。一旦你搞清了他们对冲突的看法，你就可以把他俩叫到一起，让他们把话说开。在这个过程中，你要找出可能造成冲突的具体原因。

一旦你私下与他们处理了这些问题，接下来你就可以在公开场合约他们见面了。你可以选择边走边聊，或是坐在公共场所里，鼓励双方与你一起解决这些问题。在说明他们的行为给对方以及其他同事造成的影响时，你一定要经过前面的1~4步。

尽量逐步找到解决办法。这个过程可能需要一些时间，有些人可能对这种谈话没有多大兴致，但这却是必要的。在此过程中，那个做出有毒行为的人会开始认识到他的行为产生的负面影响，然后他会想办法放弃那种行为。到那时，你就已经成功地化解了冲突，也帮助你的团队避免了很多不愉快，确保了工作进度。

案例 了解了瑞安的看法后，我长舒了口气。我更相信自己有可能解决这个问题，也有可能帮助瑞安和切尔西重归于好。要是团队里有个同事是你不喜欢的，那要在团队里解决这个问题并不容易，甚至几乎是不可能的。我喜欢瑞安和切尔西，因此我不希望他们之间存在隔阂，因为那样将会引起更严重的问题，使整个团队问题更多。

我最后给他们俩分别发了一封电子邮件，让他们到我的办公室来一趟，但我想提前跟他们每个人单独见上一面。我先跟切尔西见了一面，和她说了目前的情况。我看得出她很不自在，但面色依旧平静。她向我更详细地解释了瑞安散布的流言。瑞安说，她之所以能得到这份工作，是因为她的姑姑是我们公司的高管。瑞安还告诉其他同事切尔西在背后说过他们的坏话。

她澄清道，那都是她的无心之言，有时因一时生气，才说出那些话。可让她没想到的是，她向瑞安吐露的话，竟然被他讲给团队里的所有人听。切尔西还说，这一切开始后，团队的情况让她极为不安，她感觉受到了排挤。团队里有好些人不愿理会她，也不愿跟她合作。让她更为痛苦的是，她也不知道瑞安为什么要这样做。

我接下来与瑞安单独见了一面，第一时间向他解释道，我要让他们坐下来一起谈谈，这样就能把问题解决了。他同意了。他走进我的办公室，坐在切尔西的旁边。此刻我知道了他们俩的情况，于是跟他们一起回顾了事情的来龙去脉——从我宣布晋升计划，到瑞安散布流言，再到切尔西哭泣，瑞安换工位，直到今天办公室分成了两派。我们得出了一个结论：这一切都是瑞安为了晋升，实现他的职业梦想才发生的。

切尔西似乎既苦恼又生气。我决定去户外跟他们接着聊。这样的话，我们既能呼吸新鲜的空气，还能一起详细讨论这些问题。过了好一阵子，瑞安和切尔西之间的关系才有所缓和。切尔西受到的伤害很深，瑞安并没有真正意识到他的做法对切尔西的伤害有多深。他表达了歉意，还说他永远不会对任何人做那种事了。

我们三个人最后商定：瑞安和切尔西应一起去见我们的团队，讨论发生过的那些事情。对于他们给团队造成的伤害、不安和紧张，两人都要说声对不起。在和团队见过面后，大家都觉得这件事最终能彻底放下。瑞安甚至搬回了以前的工位，坐在切尔西的隔壁，为的是修复两个人的关系。这些措施对他们的关系，还有我们团队内所有成员的关系产生了很大的影响。

化解冲突是我们每个人都能做到的事情。不管你是管理者还是普通员工，做这件事时似乎都会有些胆怯，可要想解决这个问题，这一关是绕不开的。如果你是普通员工，觉得自己没能力采取这些措施，那么就去找你的领导帮忙。如果你擅长于此，本章会带领你成功地扑灭办公室里的大火。

克服强势性格的技巧

有人说过你性格"强势"吗？

如果有，那么你可能恐吓过别人。恐怕你在谈话时显得盛气凌人、精明冷静，而且敢于大声说话。或者说，你可能觉得很难接受一个不那么满意的现实。

要是其他人觉得你这个人挺可怕，你也别泄气。实际情况是，强势的性格会给你带来几乎无穷无尽的好处。要想成功地克服强势性格的弊端，你应该主动接纳自己的特点和心态，同时要清楚并理解他人对你的反应。

如果你是一位强势的领导，你要彰显自己的权力，但不要总把权力紧紧握在手里。由于性格强势，你会不自觉地想操控一切，因此，你必须避免独裁管理。让其他人有机会提出自己的想法，学会用心倾听其他领导或你的下属提出的建议。在一个大家相互协作的工作环境里，员工、部门或者整个公司会更具创造力，更加轻松愉快。

　　如果你是一名强势的团队成员，可不要惹得同事不高兴。很多时候，轻松和善地参与团队工作会更加有效。虽然竞争是你的专长，可要是你与团队成员间的竞争太过激烈，甚至是不必要的，那么最后受影响的则是你的任务或工作。如果你不论何时何地总想当成功者或最有权势的人，那么你就错失了真心坦诚的合作所带来的诸多好处。

　　性格强势可以使你坚忍不拔、毫不动摇和极其自信。你深信，只要你用心做一件事，那就没有办不成的事。性格强势是一种难得的秉性，如果你能正确看待并利用好它，你就会达到新的高度。

第 6 章
正视问题，解决问题

我们必须停止奖励不良行为。

——娜塔莉·科尔（Natalie Cole）

无论你是管理者还是一线员工，面对不良行为，都不应采取隐藏或回避的态度。当你总是回避而不是想办法应对不良行为时，你其实就在纵容混蛋继续他们的恶行。

以往的经历告诉我，当人们在工作中与一个混蛋不和时，他们最大的错误就是试图忽视这个问题。他们会试图隐藏和弱化问题，然后避免直面那些有不良行为的人。人们倾向于弱化问题，是因为他们不想给自己招来潜在的负面关注，抑或是因为他们并不想触及他人的恶。但这样的处理方式实则是错误的。

面对这种职场混蛋，如果你一直选择睁一只眼闭一只眼，不把他们的不良行为摆到明面上，他们就会不断利用这种局面优势，继续这种恶劣的行为。事情只会越变越糟。正因如此，碰到不良行为，与其充耳不闻，倒不如对这类混蛋公开处刑，告诉他们，他们的那些不良行为是不对的，绝对不能放任不管。公开处理这件事虽然听起来很可怕（对于那些刚进公司的新职员或者资历尚浅的员工来说尤为如此），但却是你铲除和制止工作中"毒瘤"的良机。

如果你的努力成功引起了其他同事对该不良行为的关注，这会很有帮助。你可能会惊讶地发现，其他同事——也可能是整个团队——都碰到过与你相似的问题，或者至少，他们知道这类冲突的存在。通过与同事进行开诚布公的对话，大家可以共同努力解决现存问题，从而改善工作环境。

在向下一阶段前进之前，您可以回顾一下第 2 章"最常见的 16 种职场混蛋"中的实战指南，这样你就能辨认出在工作中碰到的绝大多数"毒瘤"的特征和性格。接下来介绍的这些步骤将有助于引导你大声说出在工作中被迫遇到的烂事。

1. 识别不良行为

这一步是为了帮助你识别"毒瘤"在工作中的不良行为。要做到这一点，你可以回顾一下第 2 章，了解不同的人格类型，并确定你要对付的"毒瘤"属于哪种类型。但是要牢记，人是个混合体。也就是说，他们体现出的人格类型可能不止一种。例如，他们可能既是背后捅刀型又是摸鱼型。

一个人如果行为举止中体现了一种毒型人格，那这个人是很容易沾染上其他不良行为的，这些不良行为可能在其他人格类型中更具代表性。一旦你逐一将这些行为识别出来，你就可以设法应对它们，并找到事情发生的根源。

在做这件事的时候,要以50 000英尺高度的视角,公正地看待这个人的行为。

案例 我在企业从事会计工作,去年报税季的工作强度比往年更甚,压力满满。我汇总了该年度所有的文件、收支票据,以及上报这一年收入所必需的一切东西。当时已经临近报税的截止日期,我只需要得到最后几笔费用的相关信息就能完成任务。

我的同事杰西是唯一一个知道这些信息的人,所以我给他发了邮件。我甚至在邮件的标题栏写上了"紧急"二字,希望能引起他的注意,然后他能把我所需要的文件迅速发给我。他知道报税的截止时间,也知道如果超时提交,公司会被罚款。

我等了整整一天,但没有任何回音,所以我决定再给他发一遍邮件。这次为了以防万一,比如我的邮件进了他的垃圾箱,我还给他发了条短信。但直到那天结束,我始终没有收到任何回信。这让我非常烦躁,压力巨大。我知道他就在办公室,因为有时他会回复那些同时也发送给我的小组邮件。

我意识到，我现在打交道的这个人就是喜欢不回复信息（尤其是紧急信息）。他表现出了"已读不回"型的所有特征：不关心同事的所需，冷淡，经常翘班，工作不认真，最重要的是，他连我的加急邮件都不回复！弄清楚我要对付的是哪类混蛋很重要。这也让我觉得这不仅仅是我一个人的反应过度，而是一个实实在在、急需解决的问题。

2. 直面混蛋

面对"毒瘤"，不能视而不见、听之任之，这会让他们更加无法无天。我们必须直面他们。我知道应对这种事情对很多人来说很困难，尤其是当你在专业领域与某人打交道时，但这是必要的。

与一个人对峙，并不是说你要当着他的同事、客户或其他人的面让他难堪，而是要私下面对面解决问题。跟"毒瘤"说明你观察到的不良行为，并告诉他们这对你和办公室里的其他同事有多大的影响。告诉他们，你不喜欢他们的这些行为，不想让他们继续这样，你不希望再在团队中看到诸如此类的情况再次发生。

你没必要把这次一对一的会面搞得很隆重。相反，让它成为一个低调、轻松的会面，反而更有利于你去表达自己的想法和感觉。当你跟对方讲话时，不要大声吼叫或使用挑衅的语气或言辞，而要平静、自信地进入对话。听听他们说什么，也许他们的行为是有正当理由的。或者他们可能没有意识到给你和公司的其他人带来了麻烦，他们可能也为自己的行为感到抱歉。无论你如何面对这个人，你要确保自己是在一步步地解决问题。

案例 为了推进与杰西的交流，并且希望能及时报税，我需要和他谈谈。显然，我发的电子邮件没有引起他的注意，所以我决定去他的办公室找他。我敲了敲他的门，他看到我很惊讶。我问他我能不能进去，他冷淡地点了点头。

我走进他的办公室，坐在他对面的椅子上。我不想在这件事上表现得咄咄逼人,也许杰西没有及时回我的加急消息是有正当理由的。我提到了他没有回我的邮件,并表示这让我不太舒服,因为按时提交所有材料是我的职责。我向他解释了不按时交税的可怕后果,并提到这可能会让公司交一大笔罚金。我不希望表现成因为他没有给我回复,我就给他过度施压。但我的确需要把这件事放到台面上,引起他的注意,让他明白我需要他尽快提供我所需的信息。

在听完我的一段话后,杰西说道:"我马上把那些文件发给你。"他的回应和道歉听起来很诚恳,他也似乎明白了他在工作上的缺乏沟通正在影响我们公司的每个人。我觉得事情会向好的方向发展,我也希望日后能看到杰西改掉"已读不回"这个坏毛病。

3. 必要时要学会反击

在某些情况下,仅仅把他们叫出来面对面对峙可能是不够的,你还需要反击,主动反击。意思就是当某人做出恶劣行为伤害到你时，不要犹豫，曝光他的不良行为。

例如，假设你在开会，有人诋毁你对一个项目的贡献，并试图让你在老板面前出丑。你要做的就是立刻、当场表示你对他这种行为的厌恶。你要知道，面对不尊重你的人，你根本不需要忍受跟他共处。这混蛋可能会说："我觉得你的想法很蠢，根本行不通。为什么你就不能想出个好点子？"碰到这种人，就要当场点他的名，千万不要就这么轻易放过他们这种恶劣的行为。

然后，你要做的就是问一些尖锐的问题，问他们为什么要说这种话，有什么动机。比如问对方："你为什么要当着主管的面让我难堪？为什么要当着整个团队的面怼我？"你要反击并挑战他的个人权威，不要让对方觉得这种烂透了的行为是可以被接受的。相信我，这样做，大家都会非常感激你的。

案例 跟杰西"促膝长谈"后的第二天，我依旧没有收到任何邮件。我想不通，为什么他就是不发呢？我完全无法理解他的行为。

那天正好是星期三，是我们整个团队开每周例会的日子。我们轮流报告自己手头的工作内容和进展。轮到我的时候，我说自己还在处理周五就要截止的税务申报。杰西是最后一个汇报的。他当着团队的面公然撒谎，说我和他正在紧密合作，共同解决报税问题，并提到很快就可以提交了。

他这一番话真是让我大吃一惊。我决定在团队面前揭穿他的谎言。放纵他这样公开撒谎，实在令人无法忍受，于是我说道："杰西，那些只有你能拿到的重要文件我都等了多少天？我给你发了多少封邮件，根本没有收到任何回复，为了这些文件，昨天我还专门去你办公室找了你一趟。我这已经够有耐心了吧，你为什么还没把那些文件发给我？"

杰西看起来有点吃惊，说他会在会后把文件给我。当然，他找了个愚蠢的借口，说自己"太忙了""忙着处理其他与税务相关的紧迫任务"。但我很清楚，就算他再忙，发个邮件的时间总是有的，上传一份文件，点击发送，哪里需要花很多时间。在同事面前怼了他一顿之后，我感觉爽多了。希望他能记住这个教训，改掉自己的臭毛病。

4. 设置底线

在某些情况下，你可能最终不得不设置一条底线。你需要判断自己在工作中对各种不良行为的容忍度。我们每个人的忍耐力都不尽相同，并且不良行为也有轻重之分。比如，有的人只是没事发发牢骚，抱怨一下。但有的人就喜欢在老板面前揭你的短，让你难堪，然后拿你的劳动成果邀功。显然，后者的行为更加恶劣。

你要确定自己的底线，即你愿意容忍不良行为的度在哪里。面对办公室的那些"毒瘤"，我建议你先设定一条很清晰的自我容忍底线，然后确保一旦他们的所作所为超出你的底线，你就要立刻采取行动，一定不要就此罢休。

当这个人的行为触及了你的底线，他就应当为自己的不良行为承担相应的后果。至于承担什么样的后果，这就是你应该考虑的问题了。确保自己在设置底线时，也向对方准确传达了触及底线需承担的后果。如果你不这样做，那么他们肯定会一次又一次地挑战你的耐心。

案例 经过这次例会,我发现自己变得越发不信任杰西。所以当天会后,我直接给他发了一封后续邮件,再次提醒他把会上承诺发给我的文件及时发来。我简直不敢相信自己又一次给他发了邮件。

令我恼火的是,我发现自己在不停刷新邮箱,只是为了守着杰西的回复。如果他在当天下午 4 点前还没有把信息发给我,我将不得不再次去他的办公室一趟。这次我要明确地告诉他我的底线,以及他不积极回复跟进所应当承担的后果。我觉得如果我不这样做,他会继续不予回复。

我想,如果我这样做,他可能最终会觉得不回复我的邮件将承担很高的风险,然后可能就会主动把我需要的文件发过来。我想好了自己的底线,做了一个决定——如果他在明天(周四)上班前还不将文件发给我,我就只能把这件事反映给老板。她会想知道我和杰西之间的问题到底是什么,因为这样就可以在截止日期前采取一些措施,以免影响报税。

随着下午 4 点慢慢临近，杰西还是没有回我邮件，我决定再去一趟他的办公室。我敲了敲门，直接走了进去，他也没有很吃惊。我坐到椅子上，告诉了他我接下来的计划。我需要他在下午 5 点前把文件发给我，不然我就只能把问题反映给老板。我和他说，我不想让事情发展到那个地步，但如果迫不得已，我也会这么做。

他表示自己已经接收到了我这边的信息，并向我道了歉，说自己会在 5 点前把文件发给我。但我对杰西的期望和信任已经完全消失了，在我走回自己办公室的路上，我就已经做好了和老板讨论这件事的心理准备。事情也正如我所料，直到那天结束，杰西都没有给我任何回复。

5. 最后一招——通知你的老板

就我个人来说，工作中碰到的糟心事如果在力所能及的范围内，我还是愿意尽量自己解决。不要一有问题就去找老板。最好不要拿自己与办公室里其他人之间的矛盾和问题叨扰老板。我强烈建议你自己去面对和处理这些人和事。是的,你有这么做的权利。

当你决定直面他们时,你是在积极地试着独立解决问题。但有些人就是软硬不吃,不管你是当着他的面摆明自己的底线,还是告诉他需要承担的严重后果,他就是会继续做那些烂事去伤害你或者办公室的其他人。也许他们能从折磨别人中得到乐趣,又或者他们只是对自己的不良行为浑然不觉。

无论出于什么原因,如果你已经使出浑身解数,却依旧没能制止"毒瘤"的不良行为,那么就上报给你的老板吧,向他好好解释究竟发生了什么。让老板承担起铲除公司"毒瘤"的重任。你可以约老板单独见面,去他的办公室谈谈你遇到的困难。你要告诉老板对方是谁,然后解释清楚他们的不良行为,以及这些不良行为对你产生的影响。

如果这个人的不良行为还影响了其他同事,那么在你的说明中也可以带上这些不良行为对其他同事产生的影响,以及它带来的后果:它是否影响了大家的工作积极性和效率?是否导致员工们讨论离职,寻找一个更好的工作环境？是否危及了企业的生产力？你要罗列出"毒瘤"的不良行为所带来的一切负面影响，并一一向老板解释，然后试着和你的老板一起找出解决这个问题的方法。

案例 周四，我早早到了办公室，这样我就能见到老板，告诉她最近发生的事。我走进她的办公室，坐在她的对面。我告诉她，在处理税务申报工作的过程中杰西十分不配合，为了一份文件，我给他发了不下20封邮件。

接着我又提到了我们周三的例会，我说我觉得他的所作所为真是太卑劣了，他当着大家的面公然撒谎，说我们一起工作多么努力，但实际上他只是在试图掩盖自己匮乏的团队合作精神和糟糕的职业道德。我还向老板提到，在见她前，我又去找过杰西，向他说明了我的底线和我下一步要做什么，但他就是无动于衷。

听了我的话，老板似乎对杰西的所作所为感到很震惊，并反复强调明天就是报税的截止日期，但现在都周四了，竟然还没有完成。她马上打电话给杰西，让他立刻来办公一趟。杰西到了后，在我旁边坐下。老板针对这个情况又跟我们说了几句，并告诉杰西，他的行为令人无法接受。

杰西最终坦诚说道，他最近的个人生活压力很大，所以总是分心，他很后悔把这种情绪和状态带到了工作中。他保证自己今后一定会将工作和私生活分开，工作时会更加认真。老板对他做此承诺表示感谢，但他还是必须立刻把几笔费用的信息传给我，因为已经没有时间了。

杰西连连道歉，老板说等完成了报税，她会再安排和杰西单独谈谈。我谢过他们俩后，起身回到自己的办公室，继续工作。5分钟后，我收到了杰西的邮件，里面有我需要的信息。15分钟后，我完成了任务，把报告提交给了会计部。

虽然是通过老板介入，我才从杰西那里要到了文件，但我依旧很开心。希望经过这次事情，杰西能合理地划清工作和个人生活的界限。

当然，要想通过老板成功解决问题，前提是你需要得到老板的支持。但老板很有可能不会支持你。如果是这样，那你就需要尝试一些不同的方式，可能包括：越级报告,或者如果情况真的差到极致,你可以要求调到其他部门,甚至换个工作。你要结合自己的具体情况考虑哪条路最适合你。

不要忽视不良行为,不要任其发展,不管不顾。你一定要做点什么。如果只是一个无足轻重、小小的冲突,那么除非它进一步升级,不然不用太过担心。但如果问题本身就很严重,并且已经触及你的底线,那么无论如何都必须解决这个问题。运用本章所讲的这些步骤,正视问题,解决问题。

第 7 章

不要为小事烦恼

如果小事情都能让你心烦意乱,那说明你对自己的定位就很低。

——埃克哈特·托利(Eckhart Tolle)

有些不良行为非常糟糕,比如性骚扰,或是一些对身体或精神上的威胁等,必须当机立断。然而,还有许多其他的不良行为其实没有很糟糕,比如一名员工一年中有一两次在员工会议上迟到 5 分钟。偶尔开会迟到并不是什么大问题,但如果这种情况增加到一个月几次或更多,那就可能是个问题了。

重要的是,要记住作为人类的我们都会时不时犯错。我们会做出错误的决定,对情况做出错误的判断,伤害别人的感情,等等。在我们的职业生涯中,每个人都会在特定的时间表现出一些轻微的不良行为。所以,能够谅解他人的小错误对我们来说很重要。

我的建议是除非该不良行为会对公司造成重大的负面影响,不然你不需要给自己过大的压力或对同事的行为过于挑剔。同时你也应当注意,不同的不良行为其严重性不同,所以不能一视同仁。就像我们在光谱上看性格类型一样,我们要把不良行为也看作一个光谱,0代表最轻微的不良行为,10代表最严重的不良行为。根据某人的不良行为在光谱上的位置,你会更好地了解自己面临的是一个小毛病,还是一个大问题。

大多数时候,你碰到的都是小问题。有选择地"战斗",不要为小事而烦恼。俗话说得好,不要小题大做。

为了评估你面临的不良行为的恶劣程度,并弄清楚你是否应该对此感到有压力,你需要采取以下5个基本步骤。仔细阅读它们，并记得以 50 000 英尺高度的视角看待事情。重要的是，不要让你的情绪对正确理解和评估眼前的问题产生阻碍。请记住，生活中的其他事情，包括家庭问题、人际关系问题、经济问题，都可能会给我们带来压力。所有这些额外的压力都可能会对我们的情绪产生影响，当我们情绪不稳定的时候，同事们的一点点小失误都有可能会激怒我们。

1. 不良行为究竟是什么？

你应该做的第一件事是仔细观察那些对你有害的行为。当然，你的同事做出这样的行为本身就很糟糕，但你依旧要仔细观察并评估该不良行为到底是什么以及它的恶劣程度。问自己一些问题，可以帮助你评估这种行为"坏"的程度。比如，这件事真有那么重要吗？你为什么那么在意？是对你个人，还是对团队或是对公司产生了影响？

例如，如果一个同事只是在抱怨自己的工作，那么是否影响到了你？她是一个月抱怨几次还是一天就要发几次牢骚？这二者有很大的区别。那个人是不是经常在工作时间跑来你的办公室，然后一抱怨就是半个小时？如果是这样，那对你们俩来说可能都是个大问题。虽然她在你这里宣泄完了后可能会感觉舒服一点，但这会降低你的工作效率，甚至可能降低你对工作的满意度。但如果这只是偶尔发生的事情，比如在办公场所的公共区域或是在公司食堂里，她向你吐露她并不特别喜欢自己的工作，那其实没什么大不了，对吧？

如果某个同事只是偶尔有一些轻微的不良行为，并且该行为没有影响你的工作效率，也没有让你产生对工作能力、幸福感造成负面影响的情绪，那么对你来说，最好的方法或许就是直接忽略对方的行为。当然，你可能会觉得很烦，但对于这些小问题，如果你置之不理，烦恼自然而然就会被抛诸脑后。

案例 在过去的工作经历中，我曾经遇到过一个让我在工作中感到极不舒适的女同事。她会就性问题作出奇怪的评论，还喜欢跟别人身体接触，让人感觉太近，很不舒服。而且在她拿到我的电话号码后，问题变得越来越严重。我会在深夜收到她发来的短信（内容绝不在适度范围里），她的种种行为让我变得害怕去上班，生怕会跟她发生不必要的交集。无论是在自己的工位上还是在公司的任何地方，我都觉得不安全。

然后，我发现自己在工作时开始分心，经常抬头看她有没有在盯着我，或者有没有要来找我的意思。而且，她的大多数行为并不是在我的允许下发生的。但是我又觉得，为此专门去提醒她，会让大家相处起来很尴尬。万一是我反应过度呢？万一这一切只是我想多了怎么办？于是我站在 50 000 英尺的高度，评估她的不良行为到底是什么，这样我就能从一个旁观者的角度更好地理解它，以防自己的情绪影响了判断。

我问自己，她的这种行为多久出现一次，对我有什么影响，对我的团队有什么影响。我得出的结论是：她的所作所为的确是一个严重的问题，它影响了我的工作效率，影响了我与团队中其他人的关系以及我的个人幸福。我感觉自己受到了侵犯，感觉办公室里有她只会让事情变得更复杂，这些感觉都是绝对不应该出现的。这不是一件小的烦心事，这是一个大问题，而且如果我对其置之不理，问题只会越来越严重。

2. 大事需直面

当你发现自己要处理的是个大问题，你就需要面对它。这意味着它不再是一个小麻烦，相反，它已经对你的工作效率和幸福感产生了负面影响，所以这种事情是你不能、也不应该容忍的。

问问自己：你正在面对的是什么行为？这个行为的严重程度是怎样的？举个例子，如果你无意中听到一个同事威胁另一个同事要对他进行人身伤害，那这是很严重的问题，必须马上处理。也许他们会威胁另外一个人说，如果做不到他们想要的事情，下班后他们就会在停车场揍他一顿。这显然是一个大问题。你应该马上告诉你的老板，并确保该问题已经引起了关注。同时对该事件进行一些记录，记下具体发生的事情、发生的日期、时间等。把这些记录发给或者直接交给你的老板，以便他能清楚地了解具体情况。

如果有人威胁要伤害你，你必须马上告诉你的老板。这件事必须立马解决，因为这不仅关乎你的人身安全，还影响着办公室里的其他人。

在前一章中，我们提到要让办公室的"毒瘤"知道你的底线和越界的后果。这是解决严重问题的绝佳方式。如果对方的行为十分恶劣，所做的事情已经触及了你的底线，那么你就要尽快解决这个问题。

如果你的领导没有认真对待你的问题，或者没有迅速果断地采取行动，那么你可能需要越级，把问题直接上报给人力资源部或你的领导的上级。虽然这可能会让你的领导很不高兴，但你需要采取行动来制止该不良行为。如果该不良行为的行为人就是你的领导，那事情解决起来可能会更复杂一些。

关于举报工作场所的性骚扰或其他形式的骚扰，大多数公司都有一定的规章制度，不管该骚扰者是你的领导、同事，还是客户、供货商，都会受到条例的约束。一定要遵守公司的制度，其中可能包括对骚扰进行文字记录和提交正式投诉等。

如果你已经提交了投诉，但公司没有采取任何行动，那么你的公司可能会因对骚扰投诉的不作为，而承担相应的法律责任。在这种情况下，你可能需要找个律师谈谈，了解一下自己能够争取到的相关法律权益，或者离开该公司，找个新工作。无论你做什么决定，都不要让这种糟糕的行为继续存在。如果你有能力阻止它，那一定要去做。

案例 由于我已经确定，那位同事对我的性骚扰行为是个严重的问题，所以我必须有所行动。有几次我直接告诉她，请她停止自己的行为，让她明白她的这种行为在我这里是百分之百不被接受的。然而，我的同事却没有停止她的不当行为，她依旧会发表一些带有性暗示的评论，或者进行一些肢体接触，这也就意味着想解决这件事，需要请我的领导介入。

这对我来说是非常困难的，因为这位女士的人缘不错，跟办公室里的每个人都建立了良好的工作关系，大家都很喜欢她、尊敬她。她算是公司的老员工了，因此也比较受重视。我不想让其他同事觉得我像个"缉毒警察"，或者觉得是我对她说的话和做的事太小题大做了。但对于她的行为，我真的越发感觉不舒服，并且这影响到了我的工作。

我意识到不管行为人是谁，只要是在工作场所做了一些不恰当的事，都是不能被接受的。在我这里，她越界了，而且是明目张胆地越界，因为我之前很清楚地向她表示过，我对她没感觉，希望她能停止自己的不恰当行为。我来到老板的办公室，关上门，请求占用她几分钟时间讨论一件重要的事情。

我的老板听到我和这位同事的事情表示很震惊，但她也很关心我。她很重视这件事，并询问了更多信息。我给她看了一些这位同事给我发的短信截图，并向她讲述了一些让我感到不舒服的例子。老板回复我说，该同事的这种行为真的太糟糕了，她很高兴我把事情告诉了她，也许办公室里还有其他人和我有一样的想法和感受。

她向我保证我说的每件事她都会保密,而且她会立即和那位同事谈谈,并要求对方即刻改正自己的不良行为。如果对方不能或者不愿意改变自己的行为,那么公司就会做出处理。听到老板的回复,知道她站在我这边,让我如释重负。我再也不用担心该同事的不良行为了。虽然我还是有点担心,那个女同事可能会一口否认自己的错误,但我想,就算到了那个地步,我也是可以再想其他办法解决的。

之后发生的事情更让我更加吃惊,我的同事竟然因为行为不端被老板开除了。事实证明,我并不是办公室里唯一的受害者,还有其他几个人透露,他们也遭到了这位女士的骚扰。

3. 小事不劳神

如果你碰到的问题不是很严重,那么忽略是最好的选择。有几种方法可以帮助你不要小题大做。面对小问题,直接忽略是一种方法。你可以选择忽略他们的言语或行为，为自己找个借口，然后离开。

然而，直接忽略有时是行不通的。如果这个人直接到你办公室或者你的工位上来烦你，并在一些不值得的事情上占用你的时间，那就礼貌地请他们离开。告诉他们你有工作要做，需要集中精力，你现在真的没有时间听他们抱怨他们的问题。

不管对方是谁，是你的领导抑或是领导的上级，不要羞于告诉他们你很忙，需要集中注意力在工作上。因为保证自己的工作效率不受影响才是最重要的。

案例 在那位同事被解雇几周后，办公室给我的感觉开始变得不一样了。大家和我的互动变少了，每个人似乎都更关注自己。我知道，我的老板没有告诉任何人是我举报了她，但我忍不住想，一定是有人发现了这件事，并在使劲散布流言。我感觉大家在办公室的时候都在故意避开我。在他们有事不得不来找我的时候，彼此的交谈也往往很简短，而且很别扭。

有一天，我的一个同事，杰克，鼓足勇气走到我面前，问我最近怎么样，然后旁敲侧击地打听发生了什么事。很明显他知道些什么，但却不知道整件事。我什么都不想说，所以就引开了话题。从那以后，他几乎每天都会过来问我过得怎么样，同时也会问我那件事的情况。

他的多管闲事让我很不舒服，我根本没有必要告诉他究竟发生了什么。他通常会选择在午饭时间或下班后来找我，所以他的所作所为从未影响到我的工作。虽然这很明显就是件小事，但我要立刻解决，不然他肯定会乐此不疲地继续打探下去。我决定告诉他别管这件事。在我向他表明态度后，他终于不再向我打探消息了，真是谢天谢地。这种方法在当时的情况下还是十分有用的。

4. 保持积极的心态

每个人都有积极和消极的一面，就像每个人都有优点和缺点一样。人的性格有好的一面，也有坏的一面。人之所以为人，就是因为有这些不完美的存在。在这颗星球上，没有人是完美的，单由优良品质组成的人是不存在的，人总会有一些缺点。

我的建议是，你应该试着多关注对方好的一面，找到对方的可取之处，而不是只看到对方不好的一面。当然，对方可能是有一些缺点，但也可能有很多让你眼前一亮的优点。比如，这个人可能很有趣，能够活跃办公室的气氛；或者他可能工作效率极高，拥有出色的客户服务技能，深得客户欢心；又或者他可能精通厨艺，是每年公司野餐会上最好的烧烤厨师。无论这个人的优点是什么——一个优秀的厨师、与客户相处融洽、为人风趣——我们要做的就是多关注其积极的一面。看一个人，要全方位地看，而不是只盯着他们的某一点小特征。再说一遍，如果影响你的工作效率或心情的不是什么大事，就不必过度担心。

案例 杰克的行为让我很失望。虽然他不再频繁地窥探我的个人隐私，但他偶尔还是会问我，关于那个被解雇的同事，我知道些什么。后来我发现自己开始注意到他的每一件小事——他响亮的笑声、皱巴巴的衬衫、在会议上的讲话，似乎所有的一切都会让我生气。

这让我很不开心，因为我以前真的很喜欢杰克，但是在那位同事被解雇后，他的行为真的让我很崩溃。我想再次和杰克成为朋友并一起愉快地工作，所以我决定不再纠结于他的缺点。过于关注那些缺点不仅使我的工作变得痛苦，还让我痛失一位朋友。很明显，我已经有很长一段时间没有想过他的优点了，也没有想过为什么我们之前能当朋友。

后来回想杰克的过人之处，我发现，杰克是我在公司的第一个朋友，也是我初到公司时第一个跟我打招呼的人。他一直不厌其烦地用自己的方式让他人感到舒服。他总会在早晨给我带一杯咖啡，他很有趣，而且他人真的很好，对他人的关心都是出于真心。

在想到他的这些优点之后，我发现他的优点远远超过了我一直执着的那些小问题。确切地说，我对杰克的看法完全改变了，我越发觉得他的那些小毛病其实也没什么大不了。事实上，那些关于杰克的不好的感觉似乎都不重要了。突然间，我感到很抱歉，我太执着于他的缺点了。希望我还有机会修复我们之间的关系,无论是工作中的关系还是私下的关系。

5. 换个角度看问题

试想一下,如果你对某人身上的小问题过于执着,而忽略了他的优点,也许你才是需要改变的人。如果你在别人性格的小细节上吹毛求疵,这可不是一件好事,而且可能还会影响到其他同事。也许在你积极地改变自己的观点,换个角度看问题,不再执着于别人的小缺点后,一切都会变好。公司环境也会变得更好,这样对所有人都好,包括你。

换个角度看问题可能会让你对事情、对同事有一个更清晰的认识。你甚至可能会意识到,你可以通过努力改变自己,并且改善与他人的关系。

案例 因为我一直执着于杰克先前的行为,所以我觉得我应该更深入地研究自己的思维过程,想想我最近为什么对别人的行为这么敏感。我想改变自己的观点，不仅仅是我对杰克的看法，还包括我对办公室里其他人的看法。自从那次事件发生后，我总感觉自己和其他同事之间有一种无法言说的距离，我想要解决这个问题。

我在脑海里回顾了过去几个星期发生的事情，以及我的种种复杂经历。我一直在担心别人对我的看法，担心如果他们觉得那位同事的离职责任在我的话，他们会不喜欢我。我发现我把自己封闭了起来，不让任何人进入，因为怕被拒绝，怕被伤害。事实上，所有这些担忧都只是我自己的胡思乱想。我害怕知道别人的真实想法，这影响了我和同事之间的正常互动。原来一直是我在躲着别人，而不是别人躲着我。

当我意识到这一切后，我注意到，因为自己的消极和自我，过去几周我与同事们在交流和互动时，是戴着有色眼镜的。为了回到那位同事被解雇之前的状态，在办公室里，我必须积极主动地改变自己的观点和行为。做到这点之后，我发现一切马上恢复了正常，速度比我预期的要快。

最后我把那件事完整地告诉了杰克，他非常支持我。他为自己太爱管闲事而向我道歉，并解释说这只是他试图想要帮助我理清思绪的方式。他只是想跟我谈谈，确保我没事，因为他能感觉到我在办公室里、在大家面前显得格格不入。

我开始重新和同事们一起吃午饭，跟大家的交流也逐渐恢复如常。经过这么久，我终于又回到了之前在办公室里轻轻松松的状态。通过改变自己看事情的角度，我能够理解自己在办公室里感到不舒服的原因。然后，我发现在职场中做出不良行为的人原来不仅是同事，还有我自己。因为我那时刚摆脱了一位同事的性骚扰，所以我当然也不会太责怪自己。但通过这件事，我明白了在遇到冲突和问题时，评估和转变自己看问题的角度也是非常重要的。

在办公室里会发生很多不同类型的冲突。事情往往有大有小。不同的问题，"坏"的程度是不同的。有时我们对小事情太过执着，而当我们真正遇到大问题需要处理的时候，事情反而不太会朝着我们理想的方向发展，并有可能继续恶化。如果这些冲突可能会让人在心理上或身体上受到伤害，那么就需要尽快得到关注和解决。如果这个冲突只是一个小烦恼，不会对你的身体或精神造成伤害，而且很容易避免，那就是件小事。

如果问题不大，不必过度焦虑。

着眼于未来的正念

你心如止水吗？你能将所有的注意力集中在此时此刻吗？还是你发现自己已经向焦虑屈服了？如果你脑中的思绪一直很纷乱，不知道如何以健康的方式处理你的情绪，那你可能需要考虑运用正念。

正念，即不加评判地关注当下。它可以有效地减轻压力和促进健康。

尽管正念练习和冥想练习已经存在了几千年，但商界最近才开始喜欢上这些方法，因为它们已被证实可以有效地强化人的专注力，调节人的情绪，提升其领导能力和协作能力。

的确，正念练习要求你专注于当下，但这种练习实际上超越了当下的心理体验。事实上，着眼于未来的正念对现今的商业领袖们来说也同样重要，它关注的是未来会发生什么。

着眼于未来的正念需要对未来进行有效的引领，这对你实现"未来皆坦途"是非常重要的。当你将面向未来的心态与正念联系在一起时，你就会明白什么是"展望"，即"心理上生成（勘探、发现、创造）未来的可能性和选项"。它可以帮助你看到未来所有与你相关的事件发生的概率，然后你就可以根据需要选择自己要走的路。

此外，你不会做那些对你未来有害的事情，而是选择那些有益于你未来的事情去做，因为你知道它们的存在，并能相应地做出调整。正如托马斯·贝特曼（Thomas Bateman）在《今日心理学》（*Psychology Today*）杂志上发表的一篇文章中所述："对于个人、领导者和社会来说，这种着眼于未来的正念才是真正的积极主动。"[8]

如果你渴望在专业和个人方面有所成长，就要关注每一种与当下和未来相关的感觉。关注你的未来意味着你要关注自己今日所做之事，因为这些事情无疑会对你的明天产生深远的影响！

无论你采用哪种正念法，现在都是倾听特蕾莎修女大智慧的好时机，她曾这样建议道："幸福地活在当下，这就够了。我们需要的只是活着的时候度过的每分每秒，仅此而已。"

第 8 章
从反面教材中学习

不要对事情期待过高，把每一次经历，包括消极的经历，都当作漫漫人生路上的一步，然后不断前行。

——拉姆·达斯（Ram Dass）

无论从事什么工作，你都可能遇到混蛋，有时候甚至不止一个。在你的工作和生活中，总会有人想把你打垮，而不是帮你一把。这是无法改变的事实。跟这类人相处肯定也会非常困难，而且跟他们相处的过程也会比较痛苦，同他们一起工作通常会是一种非常不愉快的经历。他们会使团队士气低落，会破坏人际关系，还会拉低团队生产效率，影响员工敬业度。

尽管这些"毒瘤"有很多消极面，但让我们静下来想一想，这其中有没有什么好处？不要为了工作中那些消极、有害的人而灰心丧气，仔细观察这些人，你会学到一些非常宝贵和持久的经验。通过观察他们的行为，你将能够了解自己的哪些行为可能会伤害你的同事、团队和客户。

想想看，通过观察别人的不良行为，你可以学会自我克制，不成为他们不良行为的"帮凶"，或干跟他们一样的事。在观察的过程中，我们肯定会发现自己也在做着一些和职场混蛋一样的事。通过自我检讨，我们能够学会如何在这种有害的行为成为大问题前停止。更棒的是，你从那些讨厌的同事那里得学到的东西是完全免费的，不管你喜欢与否，他们的不良行为每天都会展示在你面前。当你亲眼见过或被他们的不良行为影响过，你是能从中学到一些宝贵经验的。

如果你想让自己的办公室成为最佳工作场所，你就需要知道在工作场所该做什么，不该做什么。从糟糕的同事那里学习和向优秀的同事学习一样重要。通过仔细观察他人的行为，你会更好地理解如何与他人相处，并从中学习遇事该如何处理。

为了充分利用从职场混蛋身上学到的经验，这里有5个步骤需要你仔细阅读。通过这些步骤，你将能够了解你的同事是什么类型的混蛋，如何绕过他们的不良行为，以及如何主动做出明智的选择。

我们都会在某些时候做出一些不良行为，所以为了知晓如何改变自己的不良习惯，对有不良行为的同事进行战略性分析是很有必要的。现在请花一点时间观察你周围人的不良行为，看看你能从他们身上吸取什么教训。结果可能会让你大吃一惊。

1. 把公司里的混蛋揪出来

办公室里总会聚集很多性格各异的人，而"毒瘤"其实很容易被辨别出来。因为这些人似乎总会不自觉地表露出混蛋行径。在被当面指出之前——由受害者或老板——他们还是会继续自己的恶行。如果因为某些原因,"毒瘤"的不良行为没有被解决或处理,那么这些有毒的行为就会持续存在于公司里。所以,即使你现在不知道"毒瘤"到底是谁,总有一天你会发现的。

也就是说,工作中有些混蛋的行为相当隐秘。他们很擅长低调,当他们在你的工作场所中制造混乱时,几乎不会被注意到。有时他们的不良行为只是些小问题,一开始你可能根本发现不了。

所以,为了准确地了解你的工作伙伴,"直接问同事"是最可靠也是最简单的方法之一。你的同事已经和这些"毒瘤"打交道很长一段时间了,他们知道这些人的本性。他们甚至可能会给你一些相关的建议,比如怎样应付某个特定的人,这些建议可能对你有益。通过问一些你信任的同事,你会清楚地知道到底谁是工作中的"毒瘤",同时你也可以学到如何才能有效地与他们一起工作。

案例 刚进公司的我和许多新人一样,对办公室的情况一无所知。但由于这不是我的第一份工作，所以我已经预料到，新工作中至少也应该会有一两个同事是需要我保持距离或需要花心思与其相处的。进入新环境的第一周总是有点令人抓狂，你会不断遇到不认识的人，还需要努力记下他们的名字和面孔。我费心记下了自己碰到的所有人，并仔细观察了各位同事之间的相处方式。

  在做了自我介绍之后，我回想了一下自己对每个人的第一印象。有时你会对刚认识的人有一些印象，比如这个人好相处，那个人不好相处之类的。但这是第一次，我在那一周的观察中完全没有感觉到谁不太对劲，或者哪个人会比较难相处。我开始和一个叫萨沙的同事走得比较近。她在办公室里帮了我很多，让我有一种宾至如归的感觉。我们很快就成了朋友。

  因为我感觉自己发现不了到底谁是办公室里的"毒瘤"，所以我决定问问萨沙关于她与同事们的相处经历。我相信她，觉得她会对我坦诚相待。她提到我们部门有个叫查德的家伙比较出名，他喜欢成为众人瞩目的焦点，还会抢其他同事的功劳。她说跟这个人一起工作很让人头大。

萨沙还提到我们部门有个叫杰西卡的女人非常爱闲聊。她告诉我，杰西卡能一整天在你耳边喋喋不休地谈论与工作无关的事情——从她最喜欢的电视节目到她的政治观。有时候跟她在一起很难集中精力工作，因为无论别人在做什么，做的事情有多紧急，她总会随时打断别人。

在和萨沙谈论了她对各位同事的看法以及她的个人经历之后，我对办公室里那些潜在的"毒瘤"同事有了更好的了解，这样我可以想办法学着跟他们相处。

2. 细看那些让他们成为混蛋的行为

当你很清楚办公室里有混蛋的时候，你必须深入了解他们究竟是怎样的人，是做了什么样的事情让他们成为混蛋。花点时间记下他们的特点——那些你自己发现的、感觉不太对劲的事情，或是别人跟你分享的他们经历过的烂事，以及其他任何与他们不良行为有关的事情。你可以问问自己，他们到底做了哪些有害的事？体现在行为上是怎么样的？

例如，他们是不是总喜欢抱怨？是不是喜欢贬低别人？是不是自我意识太强，总是想把聚光灯打在自己身上？这些不同的行为都是什么，它们如何影响到你的团队？他们做这些事的时候心态是"半杯空"还是"半杯满"？了解他们的行为并对其进行分类。

当你注意到他们的行为时，你就会开始了解他们到底是什么样的人。一旦你了解了他们是什么样的人，你就可以根据特定的性格类型，学习怎样去与他们相处。

案例 现在，据我从萨沙那边收集到的情报，办公室里目前有两个人的不良行为比较明显，我想再好好观望一下。于是在接下来的几天里，我特意去观察了杰西卡和查德的行为，并与他们接触。我想看看他们都会干些什么事，同时试着熟悉萨沙曾经告诉我的那些要小心的事情。

与他们相处了一段时间后，我觉得我对他们的不良行为已经十分了解。我决定把他们每个人的特点都记在本子上，这样我就可以仔细观察他们到底是怎样的人。关于杰西卡，我观察过后得出的结论是：她是一个健谈的人，但工作的时候经常分心，比较肤浅，喜欢成为别人关注的焦点，并且没什么自知之明——主要表现在当别人对她的话不感兴趣的时候，她完全感觉不到别人的情绪。

我仔细想了想究竟是什么让杰西卡变成了"毒瘤"？我得出的结论是她真的很爱闲聊。她话太多，所以很难专心工作。我不知道她为什么那么爱说话，也许是因为聊天是她在工作中休息的方式？或是因为她想得到别人的关注？她聊天的时候没有什么固定的话题，从自己中午吃了什么，到自己最近被分到了什么任务，再到她开车上班时听的广播，都有可能成为她的聊天内容。

关于查德，我记下的特点是这样的：经常会提到自己的成就，喜欢成为焦点，在展示团队项目成果时，喜欢用"我"做了什么，而不是"我们"。根据我的观察，我可以肯定，他是一个完全以自我为中心的人。而且从他选用的措辞就能看出，他还喜欢抢别人的劳动成果。他总会说"我是这么做的"，而不说"我们是这么做的"。

这是我在他身上发现的问题，他的这些行为给大家、给我，都造成了很多困扰。我把观察到的查德和杰西卡的性格特点一一列出，这是个很有用的方法，可以很好地帮我梳理自己对他们不良行为的想法和感受。

3. 回顾第 2 章，将他们对号入座

在进行这一步时，你需要回看第 2 章，查阅"最常见的 16 种职场混蛋"的实战指南，以明确自己在和什么样的混蛋一起工作。这 16 种毒型人格各不相同，代表着不同类型的人。通过"对号入座"，你将学到在工作中与这些人打交道的最好方式。

当你开始分析那位被你锁定并需要深入了解的同事时，多问问自己与这 16 种毒型人格相关的问题。

- 他们是悲观主义者吗？
- 他们是否看什么都觉得有问题？
- 他们是否天生就很多疑？
- 他们是否会嫉妒别人的运气和成功？
- 他们是否总在觊觎别人拥有的东西？

- 他们是否喜欢背后议论别人，说别人闲话？
- 为了得到自己想要的东西，他们会威胁、恐吓同事吗？
- 他们会通过威胁和嘲笑来操纵别人吗？

案例 在我写下自己观察到的杰西卡和查德的性格特点后，我需要好好研究一下他们身上体现出的是哪种毒型人格，这样我就能进一步了解他们到底是谁，以及我如何才能更好地与他们相处。我对照着"16种毒型人格"一个个筛选，最终确定了最符合我这两位同事的类型。

我得出的结论是：杰西卡是话痨型，查德是抢功型（同时还可能是自恋型，但根据我现阶段的观察，我还不能这么肯定）。杰西卡很友好，善于交际，她比办公室中的任何一个人都健谈，喜欢成为大家关注的焦点，从不缺话可谈，但她十分缺乏自我认知。她只是没有意识到自己对公司造成的伤害。

另一方面，查德的行为符合抢功型的特点。他总是偷懒，也自信，擅长撒谎，可以很好地融入大家，喜欢站在聚光灯下，被荣誉和赞美包围，即使这些荣誉和赞美本不属于他。

现在，我能够确定杰西卡和查德是哪种类型的职场混蛋了，我也对自己在不久的将来能应对他们的不良行为、跟他们一起工作变得更有信心。

4. 从第 2 章的实战指南中学习经验

在第 2 章的实战指南中，有关于每种毒型人格的案例研究。这些案例解释了不同工作场景下的不良行为，以及应对这些不良行为的方法。你可以细看每一个案例研究，并从中吸取教训。你可以站在"肇事者"的角度，也可以站在受害者的角度去观察，从中学会如何对付这些"毒瘤"。

通过阅读这些不同的案例研究，你就可以代入事件，把自己当成碰到职场混蛋的那个人，学学他们碰到混蛋时是如何应对的，体会他们的感受以及他们受到的影响。如此，你就能在自己的工作生活中运用这些经验。

案例 我仔细想了想杰西卡的不良行为，然后发现这些行为在我自己跟她相处的时候也碰到过，尤其是我刚进公司的那段时间，我简直成了她专门聊天的对象。像杰西卡这种性格的人通常都很和善，很讨人喜欢。如果你是新员工，还没有建立起人际关系，那么肯定对办公室里任何待你友善的人都来者不拒。但如果这个人太爱闲聊，影响了你的工作效率，那就成了一个问题。

接下来说说"抢功型"的查德。很明显，他会把团队一起完成的任务和项目当成自己的功劳去邀功，就好像团队的其他人从来没有给他任何帮助，所有事都是他一个人干的一样。幸运的是，我还没有被他抢过工作成果，至少现在还没有，因为目前还没有跟他在同一个团队，但如果我将来被分配到和他一个项目，这种情况我也很可能会碰到。

仔细研究这两位同事的毒型人格，有助于我更好地了解他们，万一以后要跟查德合作完成项目，或者被杰西卡喋喋不休地骚扰，我也能提前有个心理准备。我知道在我今后的职业生涯中，一定还会碰到像查德一样的抢功者，或像杰西卡一样喜欢唠叨的人，所以我认为这次是我积累经验的绝佳机会。

5. 不要在工作中干混蛋事

正如我在前面章节中提到的，我们每个人身上都有一些混蛋的影子。有些人可能更多，但无论多少，我们都应避免成为一个连自己都会嫌弃的职场混蛋。要做到这一点，你必须对自己的行为，以及什么事可能会影响、伤害到别人有清晰的认识。也许你的行为只造成了一点小麻烦，但如果你及时采取行动，这个小麻烦是可以避免的。

在你回顾第 2 章中关于职场混蛋的类型和案例研究时，请记下这些混蛋具体做的事。不管他们做了什么坏事，你肯定不想跟他们一样。要想不成为职场混蛋，最好的方法就是不要干实战指南中列出的那些事。

同时，你也要多注意其他同事的不良行为，不要和他们做一样的事。如果你有一个糟糕的同事，不要被他们带坏，也不要养成一些你原本十分厌恶的坏习惯。我们将在

第9章中更深入地讨论这个问题，确保自己不要重蹈这些职场混蛋的覆辙。

案例 当我回想杰西卡和查德的行为时，我注意到自己身上也有几个和他们相似的特点和习惯。虽然我完全没觉得自己是一个"毒瘤"，但我发现自己确实有一些不太好的行为习惯需要改进。我可不想成为像杰西卡或查德那样的人，所以我越不像他们就越好。

例如，我发现自己有一个坏习惯，就是在我需要从工作中放松一下的时候，我喜欢去找同事聊天。我从来没想过我的这种行为可能会影响别人的工作效率，但现在我确信，在某些情况下我的这种行为确实会对他人产生影响。我倒没有像杰西卡那样喜欢闲聊，但是找别人聊天确实是我在工作中会选择的放松方式。不要误解我的意思，在工作中时不时休息一下是有利于健康的，但不要影响到其他同事的工作效率。

我经常主动地在心里提醒自己，当团队一起完成某件事时，要改掉总是以"我"自称的习惯，多以"我们"称呼。即使这是我一个人的项目，我也尽量把自己的成功与整个团队的努力联系起来。因为大家是一个团队，所以取得的任何成就也是大家共同努力的结果。我变得对"我"这个字非常敏感，因为我不想跟查德一样，被同事们讨厌。

有杰西卡和查德这两位做我的同事，对我来说其实是一次很好的学习机会，他们让我学到了针对不同人的相处之道，这会对我今后的人生带来很大的帮助。是他们让我明白自己想在办公室里成为什么样的人，不想成为什么样的人。这将是我在以后的职业生涯中一直铭记的东西。

总的来说，你是真的可以从糟糕的人身上学到一些东西的。诚然，你可以通过向身边优秀的人学习如何成为一个好人、好员工、好老板。但你也可以通过观察那些工作中遇到的"毒瘤"，学到宝贵的一课，并确保自己不会表现出与他们一样的有毒行为。多想一想你与这些"毒瘤"同事的相处经历，好好地从中感悟、学习。这些经历在你今后的职业生涯中会非常有用，因为在往后的日子里，你还会在职场中遇到形形色色的人。

第 9 章
自己别做混蛋

让人生变得困难的不是生活的起起落落,而是碰上的那些混蛋。

——查理·卓别林(Charlie Chaplin)

不包含自我审视的"职场混蛋指南"不是一本完整的指南。好好审视一下自己,然后回答这个问题:你在工作中是个混蛋吗?

你能确定吗?

如果你不确定自己的形象和同事对你的看法,那就直接问他们。一些企业会定期进行机密的全方位调查，为员工（尤其是管理者）提供同事们诚实、坦率的反馈。脆弱会令人生畏，别人对你的评价可能会打击你的自信心，但你也可能从中受益匪浅。

正如我前面提到的，不管我们有多"好"，或者我们认为自己有多"好"，我们每个人或多或少都会干一些混蛋事。我们可能有时候在工作中话太多，或者我们偶尔会八卦其他同事，又或者我们每个月总有那么一两次浑水摸鱼。就像你会把高热量的冰激凌甜筒作为甜点，而不选择健康的西兰花一样，偶尔屈服于一些不良行为只是人类的天性。所以，即使你发现自己偶尔有点混蛋，也不要对自己太苛刻。

你能做的最好的事情，就是承认自己身上存在的不良行为，并努力在未来将其改正，然后继续你的生活。这样，你会成为更好的同事和员工。如果你不想让他人成为职场混蛋，那么你自己首先应该为他人树立一个积极的榜样。最理想的情况是，办公室里的每个人都会审视自己的行为，并努力不做坏事。这种情况下，每个人都会不断努力，希望自己能成为他人的榜样，从而创造一个更好的工作环境。

现在你可能会问：我怎么知道自己是不是个混蛋，是不是职场中的那个毒瘤，是否对大家有害呢？

要想知道这个问题的答案，你必须对自己的弱点张开双臂，卸下自己的心理防备。为了评估自己的行为，弄清楚自己在工作中是否是个混蛋，你能做的最好、最有效的事情之一就是问问同事对你的看法。虽然听起来比较容易让人打退堂鼓，但这个考验会使你变得强大。为了掌握主动权，也为了自己将来的职场生活，你需要为办公室的每个人创造一个更好的工作环境。

为了搞清楚自己是不是工作场所中潜在问题的相关人，请参考以下5步进行分析。虽然把自己的脆弱完完全全地袒露在同事们面前可能是件很难的事，但这样做会给你带来很大的转变。要记得你完成的每一步都将帮助你成为更好的员工和同事。

1. 评估周围人的行为

想想自己的经历，你可能会发现，当某人的行为对你或你的同事有害时，你们的第一反应通常都是避开这个人。而且，正如我之前解释的，当某人正在做一些不好的事情时，你要做的第一件事就是后退一步，对他的行为进行评估，然后再决定自己如何应对和解决这个问题。所以在这里，你应该考虑的问题是：你身边的人与你的相处方式是怎样的？不确定吗？那你可以再问问自己：同事们在我身边表现如何？是不是有些同事在躲着我？躲着我的人是谁？什么时候的事？

如果你周围的人举止怪异，或者试图避开你、远离你，那可能是有原因的。理由可能是你在工作中表现得像个混蛋。所以，好好观察一下你周围的人是如何与你互动的。他们有没有刻意避开你？午餐时、下班时、开会时或者只是在走廊里遇到的时候，他们是不是都会尽量远离你？他们会不会快速和你打个招呼后就马上转头走掉？他们是不是真心想花时间跟你共处？如果大家都躲着你，这显然说明了你自己很可能就是那个工作中的"毒瘤",即使只是一点点,你也应该仔细反思一下自己的行为。

案例 在我的职业生涯中,我也算是应对过一些"毒瘤"同事了,所以我有时候禁不住会想,自己是不是也在工作中做过一些比较恶劣的事情。因为有很多在工作中表现出不良行为的人通常都意识不到他们的行为给别人造成的影响,甚至没有意识到他们的行为是不好的。

我做的第一件事是观察和反思同事们在工作中是如何与我互动的。我在办公室里从来没有比较亲密的朋友,但我也不认为我和任何人的关系不好。我觉得这只是典型的办公室行为。我每周正常上班,偶尔会和一天中遇到的人寒暄两句。后来我很惊奇地发现,我好像从没跟办公室的其他人有过深入的交流,但别人似乎却都相处得很融洽。他们有时在工作之余甚至会聚在一起喝酒或参加其他活动。

我之前也没觉得奇怪,直到我意识到,与其他同事相比,我好像经常被排除在外。由于我和办公室里的其他人似乎都没建立起什么联系，这使我意识到我一定是做了什么惹恼了别人。我必须进一步调查。

2. 从别人那里得到反馈

注意到别人躲着你或在你身边时表现怪异是一方面，但你其实也可以询问别人，从他们的反馈中获得更多的信息。如果你注意到某人总是躲着你，你可以直接问他："我做了什么吗？是我做了什么不对的事，所以你总喜欢躲着我吗？"请求对方坦诚地回答你，让对方知道你是真的想在工作中做出改变。你只是想要努力提高自己，不会因为他们给你的反馈不好而迁怒于对方，不会试图报复他们。

如果你的同事给了你诚实的反馈，他们很可能也会乐于帮助你改善你在办公室的行为方式，因为这样做对他们也是有益的。告诉他们你真的想要改变，你真诚地希望他们可以有什么说什么，诚实地给你反馈。只要对方觉得给你反馈是安全的，他们便很有可能对你坦诚相待，事情就会向好的方向发展。

如果他们感到不安全，觉得如果给了你诚实的反馈，你会以某种方式报复或是惩罚他们，那么他们可能就不会这么做了。如果你的同事想在你这里得到你对他的真实看法，你要诚实，因为这不仅对你有益，也对整个团队有益。我们都需要、也能够在工作中成为更好的人，为了确保我们不会对自己和他人造成伤害，我们需要放低姿态，听取别人的意见和建议。

案例 我觉得是时候去找一些同事问问他们对我的真实看法了。但一想到自己要做的事情，我就很紧张，因为我非常不喜欢被别人呼来唤去。对我来说，在别人面前放低姿态是很困难的。这么说吧，我不擅长直面那些对我有益的批评。

当我向第一个同事寻求反馈时，我真的很焦虑。我问她对我真实的看法，她看起来又惊又喜。她甚至向我重复了一遍问题，以确保她正确理解了我想问的。她轻轻地笑了笑，说："好吧，你有点自负。你从来没有认真问过我们过得怎么样，或者我们的感觉如何。有时候你给我的感觉是，你觉得我们都低你一等，比你笨。坦白说，和自认为比别人强的人一起工作并不是很愉快。"

她的话使我大吃一惊。我有那么自负吗？我知道我对自己很自信，我知道自己的能力也不错，但我没想到自己的自信会被认为是自负。我谢过了她的坦诚，并告诉她我还会找其他同事聊一聊，寻求他们的反馈。和更多的人谈过之后，我越发清楚了自身存在的问题。大家不是很喜欢我的出现，因为他们觉得我太自负了。他们觉得我很傲慢，只关心自己。

这是我必须要解决的问题。因为我知道在和一群人一起工作时，让大家感到舒适有多么重要，我不想成为那个让其他人感到不舒服的烂同事。

3. 认真对待别人的反馈

当你从同事那里得到反馈后，不要无视这些反馈，将它们放在一边，而是要认真对待。尤其是当你从不止一个人那里得到相同的反馈时，你更需要认真对待自身的问题。当然，如果只是一个人因为某些事跟你不对付，提到你在某些方面有问题，但办公室里的其他人对你并没有相同的看法，也没有躲着你，那么这个人的反馈可能表明你们俩的关系不太好。所以，当你从不止一个人那里得到很多关于你工作中不良和混蛋行为的反馈时，你应该认真对待这些反馈，并立即采取行动。

除了给你带来更多自我提升的机会，认真对待别人的反馈还有另外一个好处。当大家看到你认真对待他们的反馈时，他们就会更愿意向你伸出援手。他们也会更加欣赏你，认可你为改变自己的行为所做的努力。如果你不把他们的反馈当回事，他们以后自然也就不会再费心地给你反馈了，而你就失去了自我提升的机会。认真对待同事的反馈确实对你最为有利。

案例 那天我下班回到家后，专门把当天同事们对我说的话记了下来。事实正在浮出水面，在我眼前逐渐清晰，所有的反馈归结起来就是：我在工作中确实有些不良行为，而且还影响到了我的团队。我在纸上写下了"自恋"、

"自私"、"自信"、"永远是对的"、"固执己见"、"以自我为中心"、"自大"等词语。这些词句可以说是字字扎心，但我知道，这些都是同事们在我身上看到的一些问题。说实话，我自己都不想在工作中碰到有上面这些特质的人。

这大概是目前为止我在职场中遇到的最严重的危机，真的有点吓到我了，但很明显，发现并解决这个问题是非常必要的。了解到的这些改变了我对自身的认知，给了我改变的动力。我想要改变自己的行为，这样才能使我的团队在未来有更好的发展。我很后悔等了这么久才去问同事们对我的看法。不过，迟到总比什么都不做要好。

4. 给自己确立一个目标

一旦你收到反馈说你在工作中表现出了不良行为，并且表现也不尽如人意，你就必须要给自己设定一个目标了。你需要根据同事们的反馈，付诸行动。例如，如果你属于嫉妒型（嫉妒和贬低他人成就的人），那么你可以给自己设定一个目标，让自己不再继续做出此类不良行为。

不要把别人的成就看作对你自尊和自我价值的打击。在工作中，你不仅可以为自己取得的成就感到开心，也可以为同事的成功而鼓掌。

站在别人的角度想想。如果有人总是贬低你取得的成就，也从不肯定你，你会有什么感觉？估计你也会不高兴吧。如果有人完成了一项艰巨的任务或得到了晋升，那么请为他高兴吧，祝贺他顺利达成了艰难的目标。如果你的某位同事在会议上因为工作表现出色而受到老板的赏识，那就送上祝贺吧。会后，走过去对他说"干得漂亮"，让他知道你为他感到骄傲。你不需要给别人泼冷水，也不需要故意贬低对方，因为那样做其实最终对你没好处。花点时间给自己设定一个目标，充分利用收集来的反馈，付诸行动，采取积极的举措来帮助自己实现这个目标。

让我来给你讲一个关于我朋友亚当·科里克（Adam Kreek）的故事。作为一名企业家兼励志演说家，亚当非常了解如何设定目标。他和他的赛艇队不仅在2008年北京奥运会上为加拿大赢得了一枚金牌，他还和其他三名赛艇手在短时间内差点成功地横渡了大西洋。不幸的是，他们的船在离开非洲海岸 73 天后被巨浪掀翻，计划宣告失败。

我们大家都比较熟悉 SMART 目标管理原则，它包括：具体的（specific）、可衡量的（measurable）、可实现的（atta-inable）、相关的（relevant）、有时限的（time-bound）。亚当的看法是，如今的企业需要新的目标管理方法，而 CLEAR 目标管理原则恰好适合，它包括：

• 协作的（collaborative）：目标的制定可以促进团队协作。你可以问自己以下这些问题：跟谁协作？我的团队中都有谁？谁是我们团队的支柱？我的团队在为谁服务？谁是我们的股东？我们的客户都是谁？我的团队里谁说了算？哪些员工、同事可以帮忙？我需要谁来约束我？我又去约束哪些人？我需要谁在我身边？为什么这些协作者很重要？

• 设限的（limited）：目标需要有时间和范围的限制。你可以问自己以下这些问题：何时开始？何时结束？存在哪些地域限制？存在哪些个人限制？我的目标是否可行？我怎么知道目标完成与否？为了达到这个目标，有什么是我不应该做的？

- **情感的（emotional）**：员工需要与目标建立情感联系。你可以问自己以下这些问题：这个目标符合我的意图吗？这个目标能满足我的需求吗？为什么我要这么做？为了实现目标，我能否做到百分之百投入？我的目标可能会对我手下员工们的情绪产生怎样的影响？会对我的上司产生怎样的影响？会对我的团队产生怎样的影响？这个目标会给我的个人目标和职业规划带来怎样的影响？

- **可评估的（appreciable）**：大目标可以被拆解成一个个小目标，这样就可以更快、更好地实现长期目标。你可以问自己以下这些问题：接下来要进行的最小、最明确的行动是什么？衡量目标完成度时，我可以使用哪些关键绩效指标？在实现这一目标的过程中存在哪些关键里程碑？还会实现哪些其他的目标？哪些目标可以叠加？哪些目标可以追踪？

- **可优化的（refinable）**：保持灵活性和敏捷性，允许自己在必要时优化和调整目标，即使你的目标不易更改。你可以问自己以下这些问题：我能预期到的、可能会变的信息有哪些？采取（超出我的控制范围的）何种措施可以使上述情况不发生？道路的改变是否意味着我的最高目标也会改变？最重要的是什么？我需要在何时重新审视我的目标并调整它？什么地方最有可能出错？碰到最好、最坏和最有可能发生的情况，我应该如何处理？

回到我们的故事，亚当解释道：

"当我们准备横渡大西洋时，我们的终极目标是成功渡过去。但在这个终极目标下，我们也制定了三条规则：第一条规则是没有人员伤亡；第二条规则是不要杀害你的同伴；第三条规则是别沉船。简单来说就是，照顾好自己，照顾好彼此，照顾好你的装备。"

当我们为改变工作中的不良行为设定目标时，我们可以用上亚当的CLEAR目标管理原则。

案例 现在我非常想改变我的行为，向我的同事证明，我并不是他们认为的那种自负的人。总的来说，我的目标就是停止自负。我知道要完全改变我的行为模式很困难，所以这个目标让我有点望而却步，尤其是我直到最近才知道，自己在别人的眼中是这样的人。我需要时间来仔细思考一下我的目标到底是什么，它对我有什么好处，以及我怎样才能实现它。

为了全面了解我想要达到的目标，我要用 CLEAR 目标管理原则好好分析了一下自己的情况。

• **协作的（collaborative）**：为什么团队在这件事情上很重要？因为他们帮助我了解自身存在的不良行为，如果没有他们，光靠我自己，可能完全发现不了。现在我只需要向他们证明我可以变得更好。在我摆脱自负的过程中，我知道我需要他们的支持和诚实的反馈，这样我就知道我是在朝好的方向改进和发展。协作在我实现目标的整个过程中都起着非常重要的作用。如果我没有朝着好的方向改进，又没有人来提醒我，那么我的目标最终将很难实现。

• **设限的（limited）**：为了实现这个目标，我必须设定一个具体的时间表来自我约束。我想马上着手，所以我决定从第二天上班起就实施自己的计划。因为习惯很难改变，所以我给了自己整整一个月的时间。希望到了月底，我能彻底消除自己的自负倾向。为了知道我是否在月底完成了自己定的目标，我每周都会和我的同事进行交流，从他们那里得到新一轮的反馈。听取他们的反馈对于了解我是否完成了自己的目标至关重要。

• **情感的（emotional）**：我需要考虑这个目标如何为我和我的团队都带来好处，以及它如何产生积极的影响。目前我定的这个目标可以帮助我成为更好的同事和员工，可以改善我和大家的关系，在今后的工作中，我也能更好地与大家共事。过去，我惹恼了大家，制造了紧张的气氛，所以大家不想和我一起工作。希望通过我的改变，可以为大家创造更加舒适的办公环境，提升大家的工作效率，并且缓和办公室的紧张气氛。我想和大家成为朋友，也想和同事们更密切、更高效地协作。顺着这个目标，在我对自己进行了深入的情感剖析后，我真心希望自己能让目标实现。

• **可评估的（appreciable）**：因为我的目标比较难以实现，所以把它拆解成一个一个小目标，逐层击破，这样会更好一些。我做出的第一个改变就是，在团队交流时，要控制自己不要总是以"我"自称。这个目标似乎比较好实现，而且跟我一个团队的同事也比较容易注意到。我想从称赞他人的观点和成就开始做出改变，这样同事们就不会再觉得我是一个自我感觉良好、自负的人了。在做出改变的过程中，我每周都会找同事们要反馈，相应地，我希望这样做能让我和他们走得更近。希望他们在我改变不良行为的道路上给予我的帮助，能让我们的关系变得更好。

• **可优化的（refinable）**：正如生活和工作中的一切，我们周围的世界也在不断地变化。为了以防我之后可能需要改变目标的实现方式，我要提前做好准备。可能出现的最大问题是同事们不理解我为什么突然做出改变，他们可能会觉得我这样做是另有所图。因为我已经给我的同事留下了自负的印象，所以他们可能会认为我的行为只会对自己有利，并且从长远来看，会在某种程度上对他们不利。我需要为此做好准备。人们可能会怀疑我的意图，但这没关系，让我用行动来证明他们是错的。

半个月过去了，我想好好思考一下目前为止收到的所有反馈，然后制定后半个月的目标。如果发现有些方面仍有欠缺，我会把自己的精力试着往那方面转移。我认真听取了同事们的意见，我的人生轨迹也会随之改变。虽然在目标实现的过程中可能存在变数，而且会比较困难，但我已经做好了心理准备并选择相信这个过程。

5. 坚持到底

一旦你为自己定好了目标并开始实施，一定要坚持下去，确保自己确实停止了那些不良行为，因为那些不良行为正是你想要改掉的。这意味着要时不时注意大家对你的反应。他们是不是还躲着你？还是他们现在已经接纳了你，会邀请你共进午餐，或者下班一起出去玩？他们会在开会的时候坐在你的旁边吗？还是会离你远远的？

再仔细观察一下大家对你的态度是否有所转变。如果朝好的方向发展，大家开始接纳你，不再对你躲躲闪闪，那情况真的很不错。这说明你做出的改变是对的，没有走弯路，是在朝着自己的目标前进。

再一次寻求同事们的反馈。找时间约同事们坐坐,问问他们的意见。问他们是否觉得你有所提升,具体哪方面改进得比较明显,问他们你如何能做得更好。从同事那里得到新的反馈后,如果你需要制定一个新的目标,那么就立马着手去做。重新确立新的目标,认真对待反馈,并付诸行动。

案例 正如我在制定 CLEAR 目标时计划的那样,对我来说,要想知道自己是否完成目标,最好的方式就是在这一个月的时间里,每周都与同事们沟通交流,保持信息通畅。我很重视这些交流的过程,并且想从同事那里获得最真实的反馈。

在最初的一两周里,我并没有觉得大家对我的态度有什么转变。还是有很多同事躲着我,下班后也没人邀我出去玩,我在会议上的发言还是会被部分人无视。当我再次向大家寻求反馈时,我明白了他们需要一段时间去接受和消化我正在努力纠正自身不良行为这件事。大家不会一夜之间突然对我转变态度,但这都不是什么大事。

大约半个月过去了，当我再次找同事们寻求反馈时，他们的回答是，他们发现我与他人的交往方式和我的举止与之前相比有了明显的变化。快到月底的时候，我明显感觉到大家对我的态度发生了彻底的转变。在工作日，大家开始跟我讨论比较深入的话题，也没什么人总是躲着我了。看样子大家现在也习惯了和我相处。在那个月的最后一周里，我甚至被邀请去参加大家的聚会。我确实也赴约了，大家在一起聊天的时候也提到了我那段时间巨大的变化。

我的所有同事都非常肯定我做出的改变，他们都很愿意接受这个"全新的我"。能得到他们的支持和对我努力的认可，我感到非常欣慰。我知道要想彻底改变，仅一个月的目标是远远不够的，我需要继续坚持、继续努力。我很开心自己能有所改变，不仅是为了自己，还为了我的团队和公司的利益。

在工作中谈论别人是混蛋的同时，也要自我审视，这很重要。不要假设你是完美的，因为你很可能不是。我认为这个星球上并没有完美无缺的人。我们所有人在工作中都有不良行为，而最好的方法就是及时发现并改掉它们。

第 10 章
招人要慢，裁人要快

仅靠人气，是成功不了的。

—— 阿拉·帕塞吉安（Ara Parseghian）

如果你是一名管理者，在与职场混蛋打交道时，你处于一个比较独特的位置。首先，如果在对应聘者的考察上多花些时间，你有能力在招聘过程中就把大部分混蛋拒之门外。你是雇主，是面试官，你能决定他们的去留。

在招聘过程中，你得擦亮眼睛，寻找潜在雇员身上可能存在的不良行为。从应聘者的前雇主那里要到推荐信可能比较困难，但也不是不可能。为了挑选最好的候选人，你必须确保自己尽最大努力，不要雇用一个有迹象可能成为职场混蛋的人。当然，如果双方是第一次见，"混蛋"迹象可能很难被发现，但你可以采取一些措施。虽然完成本章所述步骤可能需要你付出额外的努力，但却可以帮你有效地避免雇用到职场中的"毒瘤"。

你要清楚地认识到自己是有能力阻止这些人进入公司的。当你的团队中出现执迷不悟的混蛋时，要毫不犹豫地去劝阻和教育他们。如有必要，也可以把他们扫地出门。作为一名管理者，当有人在工作中表现得像个混蛋时，你有能力和权力警告他们。为了解决办公室里可能出现的不良行为，你需要做得更好。

最后，如果行为人依旧改不了自身的不良行为，那就只有将其解雇了。当你把那些跟公司主流文化不对付的人赶走后，你会发现，无论是公司效益还是团队士气都会立即得到改善。

为了确保作为管理者的你在整个雇佣和解雇过程中能掌控全场，你可以采取以下5个步骤。它们可以帮助你在招聘过程中少犯错误，避免招到那些有"毒瘤"倾向的员工。

1. 招人要慢

许多管理者和招聘负责人在招人时不肯多花点时间，总是很匆忙。根据我的个人经验，一个好的管理者一定会花时间好好地了解每一位应聘者，然后再做出是否聘用的决定。这需要花费大量的时间，如果你处理得太仓促，那就很有可能招不到合适的人。所以，如果你提前花时间去了解应聘者，那你就有机会提前弄清楚这个人的身上是否存在恶习。如果你在应聘者身上发现了令你非常担心的行为，参考第2章的指南，想想自己正在和哪类"毒瘤"打交道。

在招聘过程中，寻求别人的帮助是很重要的一步。有些应聘者的前公司不会给你太多关于该员工的反馈，大多是因为公司害怕自己说了他们的缺点后，害他们落选，导致自己这边可能面临被起诉的风险。但我发现大概率你还是可以从应聘者的前领导那里得到一些反馈，尤其当该应聘者是个爱惹麻烦的人时。

有时，他们可能不会直截了当地告诉你这个人在工作中的不良行为，他们通常会给你一些暗示。你可以从字里行间感觉出来他们想表达的意思，并不需要他们明确地说出这位应聘者的好或者不好。事实上，你只需要问他们一个简单的问题："如果有机会，你还会再雇用他吗？"如果对方给出否定的回答，那你心里也就有数了。

还有一件你应该常做的事：看看求职者的社交账号。翻一翻他们在领英、脸书、推特、Instagram 和 TikTok 等社交媒体上的个人主页，你大概就能知道应聘者到底是个什么样的人。当然，有些人在找工作的时候会提前整理他们在社交媒体上的信息，试图伪装自己。但很多人并不在意，他们不介意让招聘者看到更真实的自己。当你在应聘者的社交媒体上发现一长串负面的帖子和评论时，你的脑海中就应该敲响警钟，聘用这个人可能不会是最佳选择。所以在招聘的时候不要着急，要慢慢来。

案例 作为一名团队经理,我对待招聘的态度一直都很认真,我也为此自豪。我会花时间从不同的方面了解应聘者。几个月前,我负责了团队中一个岗位的招聘。我想提前了解一下应聘者在前一个公司的表现,所以我联系了他的前雇主。我花了几天时间尝试联系,他的前雇主最终给我回了电话。这位老板对应聘者在前公司的表现含糊其词,她说的话对我没什么特别大的帮助。她既没有对他赞不绝口,也没有说他的坏话。

最终我决定打开天窗说亮话,我直接问道:"你还会选择再雇用他吗?"她回答:"不会。"这是我想要听到的全部,这个危险信号对应聘者而言十分不利。

基于这个答案,我想更详细地了解应聘者,然后再做出最后的评估和决定。所以我去翻了一下应聘者的社交媒体。在某些方面,这就像背景调查,通常可以显示出一个人的真面目。我在这位应聘者的脸书主页上发现了一些令人震惊的东西,我可不希望自己的办公室里有这种人。在他的几篇帖子中,我发现了他的一些话中带有种族歧视和性别歧视,让这种人进我的团队,肯定不会有什么好事。

对我来说，这是另一个非常严重的危险信号，表明这个人一旦被聘用，他在社交媒体上的不良行为很可能会表现在工作中。

通过花时间做背景调查，并了解这位应聘者以前面试时和面试后的真实表现，我知道这个人并不适合进入我们公司，所以我连面试都没有安排。

2. 面试、面试、再面试

面试过程是你更好地了解应聘者的绝佳机会。这是招聘的一部分，你应该多花些时间，而不是草草了事。与其只给应聘者安排一次面试，不如多面几轮，你还可以拉上你团队中的其他人一起帮你看看。以我的个人经验来说，招聘的时候最好安排三轮及以上的面试，而不是只面试一次就定下来。

例如，我以前找工作时去过的很多公司都要求多轮面试。我面试的五家公司里有四家都会安排多轮面试，而且让不同的人来面我，他们问的问题也都不一样。例如，你可以一上午不间断地安排一轮又一轮的面试，或者你也可以组织一个多人小组一起面试这个人。每个参与了面试的同事都可能会提供给你一些你没发现的小细节。

让员工和团队成员参与面试过程。他们的洞察力是无价的，他们可能会在应聘者身上发现自己之前在工作中碰到过的不良行为。

再提醒一遍，面试！面试！面试！而且要耐下心来。要多安排几轮面试，把同事拉进来一起担任面试官。面试结束后，要及时收集他们的反馈，积极了解他们的想法。大家是都觉得这位应聘者不错还是仍有顾虑？如果他们仍有顾虑，那他们担心的是什么？你认为雇用了这个人后，会出现什么问题？听听其他面试官的意见，他们对潜在雇员的观察和看法是很重要的。

案例 当我招聘新员工时，我会直接与公司的人力资源部合作，根据他们发来的求职信和简历，初步挑选出我最看好的一些候选人。我通常会让人力资源部进行初步面试，然后自己这边再安排一场与候选人的一对一面试。这种方式在很长一段时间内非常有效，但我觉得为了避免雇用到"毒瘤"，我还能做更多的事。在过去的招聘中我也犯过一些错误，我想看看自己还能做怎样的改进。

最近，我们的一个初级职位在招人，我决定在这次招聘中让更多团队成员参与进来。就我之前的经历而言，我确实也招到过一些不合适的人，后来我意识到，既然我的员工们才是将来最常跟新员工打交道的人，我为什么不听听他们的想法。所以我决定为每位候选人安排多次面试，然后让团队中的一些人当他们的面试官，终面由我来做。

这种招聘流程对我们来说真的不错，我能感觉到我的团队也很高兴能参与其中。每天的面试结束后，我们都会相互交流对该职位候选人的看法。听大家的反馈真的对我很有帮助，让我更好地了解了每位候选人。我觉得这比我一个人面试要好太多，我可以通过让其他人面试来更好地了解每位候选人。虽然这一过程需要在每位候选人身上花费更多的时间，但它对招到那个对的人非常有帮助。

3. 选择与企业文化相符的人

每家公司都有自己独特的企业文化，都有自己的愿景、使命和核心价值观。当你招人时，你会希望招到的人与自己所在公司的愿景、使命和核心价值观保持一致。也就是说，希望招到的人能与你们的企业文化相符。

例如，如果你们的企业文化偏正式，员工在见客户时都要穿得体的正装；如果你的工作比较严肃，受到的约束比较多，那么你会希望雇用适合、喜欢这种环境的人。最好这些人之前就在相似环境和文化的企业中工作过。你不会想要一个不符合你办公室价值观的人进入你的团队，因为他们会很难融入。

在招聘过程中，你会想知道这个人是否符合你们公司或者办公室的价值观和文化。你会想要知道这位应聘者在进入公司后能不能融入集体。他们是否能与你们的企业文化、使命、愿景和核心价值观保持一致？

另一方面，如果你的公司是比较灵活的、讲究时效性并且不拘小节，那么你肯定也不希望雇用一个很死板的人，毕竟他跟你的公司会很不匹配。重要的是，要了解这个人是否符合你们的企业文化以及其他相关事宜。尽量避免聘用那些明显不符合条件的人。保证自己在招聘上下了功夫，并且有认真地考虑应聘者是否符合企业文化这个问题。

案例 我们办公室的氛围一般是比较悠闲的，但会定期忙碌一段时间。我知道这不是一份对于每个人而言都合适的工作，但仍旧有很多人在这样的环境中茁壮成长。在招聘时，我决定提前写下我们办公室文化的几个主要特点，以便其他面试官和我在面试时参考。我想到的特点有：我们办公室思想开放，大家都很有斗志；工作时间可能比较长，经常碰到无法按时下班或在家也需要加班的情况；办公室内没什么硬性规定，同事们都比较友好、热情；我们对自己所做的事情充满激情。

在我们开会集体讨论职位人选时，我们会仔细审视这份名单，看看所列的这些候选人是否符合我们的企业文化。我们边看边将一些人从名单上划掉，因为我们发现他们过于死板和严肃,可能无法很好地融入我们的团队。我们需要找那种能与其他员工和睦相处的人,这样才能与我们的团队文化保持一致,并支持我们的团队文化。在招聘的过程中做这样的思考可以很好地帮助我们缩小候选人范围。

4. 纠正、劝告、指导

你不可能百分之百地了解你要招的人,你也无法肯定这个人在进入公司后是否会成为一个混蛋,是否会给团队带来负面影响。如果我们对每位候选人都尽职尽责地做好调查,通常可以避免招到不合适的人,但总有一些人在招聘过程中很会掩藏自己的不良行为,从而躲过我们的调查。现实生活中,在没有真正雇用对方之前,你永远也不知道他们是否适合这份工作。

所以,如果不幸招到不合适的人怎么办?那就到了需要开始纠正、劝告和指导他们的时候。纠正意味着及时指出他们的不良行为。当某人正在做一些不好的事情时,你要及时纠正他——立刻口头提醒。如果他们的行为恶化了，变得更糟了，你要马上说出来，不要当作没看见，不要让这些不良行为在公司生根发芽。你要及时纠正有不良行为的员工，避免该员工的不良行为给办公室的其他人带去负面影响。

劝告就要比纠正更正式些了。进入劝告阶段，你就需要把员工叫来自己的办公室，跟他们进行比较正式的一对一谈话。此次谈话会不会记录在他们的员工档案里，那就要看你如何处理了。你可以给他们指出你观察到的、在他们身上存在的那些不良行为，并向他们解释这样的行为可能会给企业带来的负面影响，然后告诉他们你不想看到同样的事再次发生。如果他们依旧我行我素，那你就需要采取进一步的行动了，可能包括辞退那个人。在这个过程中，你要确保他们知道不改正的后果。

对员工来说，上级对他们的指导代表了对他们的支持，所以你应该经常性地指导下属。就跟体育队的教练一样，他们的工作是为队员提供成功所需的技能培训，同时不断鼓励队员，给他们不断前进的动力。这也是在工作中许多员工所需要的。他们需要这种积极的指导。他们需要榜样，需要有人来告诉他们怎样才能成为一名好员工，怎样才能表现得更好，怎样才能避免不做出消极、有害的行为。

案例 正如大多数管理者可能都有过的经历，我也不小心招到过一些不合适的员工。招聘时，你很难认清有些人的真面目，直到把他们招进公司后，你才能慢慢发现他们身上存在的问题。

去年，我为办公室招了个新人进来。她面试的时候表现很好，让人感觉完美无缺。但在她入职没几个月的时间里，陆续有一些员工私下向我反映新招进来的人身上存在一些问题。这位新员工几乎无时无刻不在抱怨，抱怨任何事。她说我们的工作流程不好，没有她上一家公司高效。她还抱怨办公室的布局，抱怨我们的工作时长，抱怨自己需要完成的工作，等等。

她把我和我的员工搞得非常烦躁，所以我决定把她叫来我的办公室，好好谈一谈。我按纠正、劝告和指导的步骤走了一遍。在和她的第一次谈话中，我告诉她，我非常担心她的所作所为，并告诉她，如果她能在工作中少一些抱怨，那将是很好的改变。她似乎明白了，并说她会改进。

一周过去了，她完全没有做出任何改变。所以我决定再跟她来一次比较正式的面谈，就她在办公室表现出来的不良行为给她提一些建议。我对她说，我发现她还是在重复同样的不良行为，这给办公室带来了负面的影响。她的抱怨导致了团队士气低落，而且严重影响了同事们在工作时的整体幸福感。我希望在我向她解释了她的行为可能会对公司造成的危害后，她能明白自己的行为是多么恶劣。

又过去了一周，她的坏毛病仍旧没有改，还是会经常有人来找我说她的问题。这是我最后一次给她机会。我叫她再来我办公室一趟，这次要好好指导一下她。为了让她在工作中不要那么悲观、那么多抱怨，我教了她好多处理问题的方法，并又一次告知她，让她不要再在工作中总是抱怨了。如果她从积极的角度看待事情，这将有利于调整她在工作中的心态。我还告诉她，每当她想在其他同事面前抱怨时,她可以自己静静地把它写下来,而不是大声说出来。

我们讨论了很多种她可以用来纠正不良行为的方法,她同意试试这些方法,看看能不能摆脱自己消极的思想和行为。这样一步一步跟进的方法是不错的,因为这给了她机会去发现并改变自己的行为。

5. 最后一招——解雇

很遗憾,有些人就是不会改变。不管你怎么努力帮助他们,他们都不会变好。这些人就是彻彻底底的"毒瘤",但你还是要面对这种人。作为一名管理者,帮助他们是你的工作,但是如果他们无药可救,或者出于某种原因他们对别人的帮助无动于衷,你就需要采取下一步行动了。

我不觉得有任何管理者会喜欢解雇别人,但有时这是他们必须要做的,因为他们不能放任"毒瘤"祸害整个工作环境。"毒瘤"的不良行为会影响到其他员工,并很可能导致好员工的离职。如果你对"毒瘤"的行为过于放纵，其他员工很可能会因此对你失望，他们会想你为何要容忍这类人的恶习。为什么你对这种人的不良行为视而不见？如果你对那些不良行为都听之任之，为什么他们还要费心去当好员工？因此在很多情况下，如果你放任不良行为在职场里生根发芽，你会失去其他员工对你的尊重，他们也会开始寻找新的工作。

盖洛普的一项研究结果表明，糟糕的老板是员工选择离职的首要原因。如果你不及时处理办公室里的不良行为，那么你就会发现，有些本来挺好的员工开始找下家，最终可能会选择离职。

从另一个角度看，解雇某员工其实也是为了该员工的最大利益。如果他们与公司的企业文化不符，那最终还是会难以融入，所以待在公司对他们也没什么好处。如果他们的不良行为在公司被触发，那很可能说明他们本身对公司也不满意。

其实我做管理者的时候，碰到的很多人都会抱怨他们的工作，他们会说"我希望我能在其他地方工作"之类的话。但作为一名管理者，你有能力在他们前进的道路上帮他们一把。如果他们不喜欢在你的公司和团队中工作，那么想尽一切办法请他们离开。他们不属于这里。开除他们是最好的处理方式，不仅对团队、公司、客户有益，也是为了这些员工自己，很明显，他们对自己的工作并不满意。

案例 虽然我专门指导了那位喜欢抱怨的员工，但几周过去了，依旧不见成效。虽然她在我面前较少再表现出那些不良行为，但其他同事仍跟我反映她依旧如常，所以很明显，她根本没有改善。

经过之前的那些谈话，我知道自己也只能做到这一步了。我不能让她继续待在公司了，因为这会影响到公司的其他同事，让他们在工作时感到不舒服。而且，我觉得，如果她总是在抱怨自己的工作和公司，那她也许可以另寻高就了。我们公司可能不适合她，她在公司也并不开心。

我决定解雇她。在谈解雇事宜时，我向她解释，之所以解雇她是因为她的不良行为没有改善，为了团队的生产力和凝聚力着想，我只能这么做。我还提到我真心希望此举对她也好，希望她之后能找到真正适合自己的工作。我不怎么喜欢解雇别人，但有时候这是必要的。

所以要牢记：招人的时候要慢慢来。不管你多忙，都要花时间好好了解一下应聘者，不要匆匆而过。在招聘阶段你越匆忙，你对应聘者的了解也就越少，那么你也就更可能会招到"毒瘤"。当你发现自己的办公室里有这样一个招聘关卡的"落网之鱼"时，你需要立马采取措施纠正这个情况，给该员工提供一些建议和指导。但如果该员工完全没有要改正的意思，他的行为也没有好转的迹象，那就毫不犹豫地解雇他。这不仅对整个办公室好，而且对该名表现出不良行为的员工也有好处。这怎么看都是双赢。

让自己不再拖延的独门妙招

你是否成了拖延症的牺牲品？如果是，那你并不孤单。

研究表明，超过20%的人受到拖延症的影响，并且部分研究显示，有拖延症的人在过去30年里翻了两番多。拖延症在学生群体中尤其普遍，据一些调查显示，85%到95%的学生都有与拖延相关的问题。统计数据还表明，在已经工作的人群中，40%的人因为拖延症而经历过经济损失。[9]

让我们拖延的原因有很多。但与此同时，我们也有很多方法可以治疗拖延症，按时完成任务。这里有一些来自商界人士的建议，他们找到了改掉拖延习惯的一劳永逸的方法。

冥想

你可以选择为拖延症哭泣，也可以做些思想斗争。实际的机制是，冥想可以帮助我们提高自身的感悟力和对自身的控制力（也使我们的内心更加平静，但这个好处与本例无关）。

——托尼·斯塔布尔宾（Tony Stubblebine），
时任 Coach.me 首席执行官兼创始人

用卡片把项目分成多个小任务

拖延症患者喜欢用那些没什么大用的小任务来填满自己的时间，因为它们能即刻带来回报。所以，打败拖延症的秘诀是设计一个自我奖励机制，当自己做了某件重要的事情时就有奖励……例如，如果要写一本书，你可以把整本书按 500 字一划分，一部分一部分地进行。在你的电脑旁放一叠提示卡，用其记录你对每部分内容的备注和说明。每写完 500 字，就可以把卡片翻个面。这种奖励会让你像打了激素一样，令你感觉良好，引导你完成整个过程。

——乔纳森·古德曼（Jonathan Goodman），
私人教练发展中心（Personal Trainer Development Center）创始人

想想任务完成后的快感

每当我没有动力的时候，我想的是我完成任务之后会有什么感觉，而不是我现在的感觉。我会问自己：如果是将来的我回看，那我必须做出怎样的选择？

——卡特里娜·鲁斯（Katrina Ruth），
The Katrina Ruth Show 创始人兼首席执行官

给自己的拖延症来一场"节食"

……给自己来一场拖延症"节食"。当你感到乏力,什么都不想干的时候,给自己安排一个任务,然后立马去做。完成后再给自己安排两件事,下一次安排三件事。"节食"的头几天可能很难,但如果你坚持下去,就会变得容易。每天给自己留出高效一小时。

——多蒂·赫尔曼(Dottie Herman),
时任道格拉斯·艾利曼地产公司首席执行官

想想自己的拖延症对他人的影响

我看了看自己四个孩子的学费单。

——盖伊·川崎(Guy Kawasaki),
Canva首席布道官(苹果公司前首席布道官)

附　注

1. Maeghan Ouimet, "The Real Productivity Killer: Jerks," *Inc.com, https://www.inc.com.*
2. Amy Adkins, "Millenials: The Job-Hopping Generation," *Business Journal*, Gallup.com, *https://www.gallup.com.*
3. Better Buys, "Employees Behaving Badly: What's really happening at the office?," Betterbuys.com, *https://www.betterbuys.com.*
4. Tom Nolan, "The No. 1 Employee Benefit That No One's Talking About," *Workplace*, Gallup.com, *https://www.gallup.com.*
5. Mary Abbajay, "What do Do When You Have a Bad Boss," *Managing Up*, Harvard Business Review, *https://hbr.org.*
6. Peter Economy, "LinkedIn Just Revealed the 4 Traits of Really Bad Bosses (and Here's How to Fix Them," *Inc.com, https://www.inc.com.*
7. Captivate,Office Pulse, "Office Gossip Runs Rampant," *Officepulse.captivate.com, https://officepulse.captivate.com.*
8. Thomas S Bateman, DBA, "The Most Powerful Mindfulness Is Future-Focused," *Psychology Today, https://www.psychologytoday.com.*
9. Edward Lowe Foundation, "Stop Procrastinating," *Edward Lowe Foundation, https://edwardlowe.org.*

致　谢

感谢我的优秀代理，马萨尔里昂文学社（Marsal Lyon Literary Agency）的吉尔·马萨尔（Jill Marsal）。能与你合作是我的荣幸，我很享受与你一起找灵感的过程，希望我们今后还有机会再合作。还要感谢 Career Press 的副社长迈克尔·派伊（Michael Pye），感谢他觉得仅仅一本彼得·伊科诺米的书是不够的。

非常感谢 Career Press 团队，多亏他们施展的"魔法"才使我不完美的手稿变成了你们手中的书，感谢简·哈格曼（Jane Hagaman），感谢本书（英文版）的设计师兼制作编辑莫琳·福里斯（Maureen Forys），还要感谢本书（英文版）的文字编辑瓦妮莎·塔（Vanessa Ta）。

还要感谢我的私人编辑（也是我的女儿）斯凯拉·伊科诺米（Skylar Economy）。在我最终完成手稿时，她激动得又跳又叫。没有你的帮助，我是做不到的！

感谢简，我热爱沙滩的妻子，我的提基酒伴（永远爱你！），还有我出色的儿子杰克逊和彼得。期待看到你们未来的样子。

对了，还要感谢我最喜欢的乐队 Otava Yo，以及卡利俄珀（Kalliope），希腊神话里最主要的一位缪斯女神，在她的帮助下，我脑海中的文字最终变成了书。

最后，我要感谢这些年来一直在阅读我的文章、书和其他文字作品的百万读者。我欠你们每个人一个最诚挚的感谢。

愿万事顺遂。

关于作者

彼得·伊科诺米是商业畅销书作家、开发编辑、出版顾问。他共有上百部作品出版（销量超过 300 万册）。他曾为 Inc.com（"The Leadership Guy"专栏）撰写有关领导力和管理的专栏文章，并在杂志《领导者对话》（*Leader to Leader*）担任了 18 年的副主编。该杂志由弗朗西斯·赫塞尔本领导论坛（Frances Hesselbein Leadership Forum）出版。彼得还担任过圣地亚哥州立大学的讲师，教授课程"MGT453：创造力与创新"。他还是美国国家科学学习艺术（The Art of Science Learning）咨询委员会成员，也是

SPORTS for Exceptional Athletes 的创始董事。

彼得毕业于斯坦福大学（主修经济学和人类生物学）。他曾与美国一些顶级商界大佬、领导者和技术思想家密切合作，包括吉姆·柯林斯（Jim Collins）、弗朗西斯·赫塞尔本（Frances Hesselbein）、巴里·奥莱利（Barry O'Reilly）、彼得·圣吉（Peter Senge）、凯莉·迈克尔哈尼（Kellie McElhaney）、杰夫·巴顿（Jeff Patton）、马歇尔·戈德史密斯（Marshall Goldsmith）、马蒂·卡根（Marty Cagan）、洛莉·达斯卡尔（Lolly Daskal）、盖伊·川崎（Guy Kawasaki）、艾玛·塞帕拉（Emma Seppala）、威廉·泰勒（William Taylor）、吉姆·基尔茨（Jim Kilts）、吉恩·李普曼-布卢门（Jean Lipman-Blumen）、史蒂芬·奥尔班（Stephen Orban）、肯·布兰佳（Ken Blanchard），等等。

更多关于彼得的个人信息，请访问：

www.petereconomy.com（个人网站）

www.inc.com/author/peter-economy（INC）

@bizzwriter（推特）